2022
绿色食品发展报告

中国绿色食品发展中心　组编

守正创新铸机制　固本培元增总量
精益求精保质量　包容并蓄树品牌

中国农业出版社

北　京

图书在版编目（CIP）数据

2022绿色食品发展报告 / 中国绿色食品发展中心组编 . —北京：中国农业出版社，2023.10
ISBN 978 - 7 - 109 - 31333 - 0

Ⅰ.①2…　Ⅱ.①中…　Ⅲ.①绿色食品－产业发展－研究－中国－2022　Ⅳ.①F426.82

中国国家版本馆 CIP 数据核字（2023）第 212142 号

中国农业出版社出版

地址：北京市朝阳区麦子店街 18 号楼
邮编：100125
责任编辑：廖　宁
版式设计：书雅文化　　责任校对：吴丽婷
印刷：北京通州皇家印刷厂
版次：2023 年 10 月第 1 版
印次：2023 年 10 月北京第 1 次印刷
发行：新华书店北京发行所
开本：889mm×1194mm　1/16
印张：6.5
字数：108 千字
定价：68.00 元

2022
绿色食品发展报告

江苏省宝应县全国绿色食品（荷藕）一二三产业融合发展园区

目录

第一篇

综　述

2022 | 绿色食品发展报告

第一篇 综 述

一、发展政策

《中共中央　国务院关于做好 2022 年全面推进乡村振兴重点工作的意见》

（2022 年中央 1 号文件，2022 年 1 月 4 日）

《意见》提出：持续推进农村一二三产业融合发展。开展农业品种培优、品质提升、品牌打造和标准化生产提升行动。

《中华人民共和国农产品质量安全法》

（2006 年 4 月 29 日第十届全国人民代表大会常务委员会第二十一次会议通过　根据 2018 年 10 月 26 日第十三届全国人民代表大会常务委员会第六次会议《关于修改〈中华人民共和国野生动物保护法〉等十五部法律的决定》修正　2022 年 9 月 2 日第十三届全国人民代表大会常务委员会第三十六次会议修订）

第九条　国家引导、推广农产品标准化生产，鼓励和支持生产绿色优质农产品，禁止生产、销售不符合国家规定的农产品质量安全标准的农产品。

第三十二条　国家鼓励和支持农产品生产经营者选用优质特色农产品品种，采用绿色生产技术和全程质量控制技术，生产绿色优质农产品，实施分等分级，提高农产品品质，打造农产品品牌。

第四十二条　农产品质量符合国家规定的有关优质农产品标准的，农产品生产经营者可以申请使用农产品质量标志。禁止冒用农产品质量标志。

国家加强地理标志农产品保护和管理。

国家发展改革委等部门关于印发《促进绿色消费实施方案》的通知

（发改就业〔2022〕107 号，2022 年 1 月 18 日）

《方案》要求：加快提升食品消费绿色化水平，大力推广绿色有机食品、农产品。

《农业农村部关于落实党中央国务院 2022 年全面推进乡村振兴重点工作部署的实施意见》

（农发〔2022〕1 号，2022 年 1 月 14 日）

《意见》指出：推进农业生产"三品一标"。深入推进农业品种培优、品质提升、品牌打造和标准化生产提升行动，增加绿色优质农产品供给。

《意见》提出：以粮食、果蔬、畜禽等品种为重点，开展特色优质农产品品质评价，推进农产品分等分级。

《意见》要求：强化品牌打造。出台发展农产品"三品一标"指导意见，加强绿色、有机、地理标志农产品认证登记管理。实施地理标志农产品保护工程，支持200个地理标志农产品发展，打造农业生产和农产品"三品一标"协同发展典型。实施农业品牌精品培育计划，加快农业品牌标准体系建设。

《农业农村部关于做好2022年地理标志农产品保护工程实施工作的通知》
（农办质〔2022〕11号，2022年5月30日）

农业农村部办公厅印发了《关于做好2022年地理标志农产品保护工程实施工作的通知》，当年在全国范围内再重点支持200个地理标志农产品发展。

保护和发展地理标志农产品是推进农业生产和农产品"三品一标"的重要内容，是增加绿色优质农产品供给、促进农业高质量发展的重要举措。2019年起，根据政府工作报告要求，农业农村部联合财政部等部门实施地理标志农产品保护工程，共支持了634个产品发展，取得了积极成效。

《通知》指出：围绕农业生产和农产品"三品一标"重点任务，聚焦特色资源发掘、特色产业发展和农耕文化发扬，全面推进地理标志农产品"六个一"建设。一是培优一个区域特色品种。坚持种质保护与品种培优相结合，建设区域特色品种保存和繁育基地，提升地理标志农产品特色品种供种能力。二是建设一个以上核心生产基地。实施特色农产品生产基地建设行动，建设和提升一批地理标志农产品核心生产基地。三是建立一套品质指标。实施品质提升行动，构建产品特征品质指标体系，推动分等分级和包装标识，促进产品特色化。四是集成一套全产业链标准。以传统生产方式为基础，结合现代农业新技术新装备的应用，构建全产业链标准体系和标准综合体，加快关键环节标准制修订。五是叫响一个区域特色品牌。挖掘传统农耕文化，培育以地理标志农产品为核心的区域品牌。六是建立一套质量管控机制。建立生产经营主体名录和信用档案，健全质量管理体系，强化全过程质量控制。

《通知》要求：各地要强化组织领导，建立健全"县级实施、省级考评、部门指导"的工作机制。要强化实施管理，加强工作部署和统筹实施，做好检查指导、信息公开、绩效评价和组织验收。要以保护工程为契机，加快建立地理标志农产品保护与产业发展的长效发展机制。广泛宣传保护工程的实施成效和经验做法，打造乡村产业振兴的发展典型。

《农业农村部关于开展国家现代农业全产业链标准化示范基地创建的通知》

（农质发〔2022〕4号，2022年7月11日）

《通知》提出：打造绿色优质农产品精品。以绿色、有机、地理标志、良好农业规范等农产品为重点，培育绿色优质农产品精品。建立农产品营养品质指标体系，开展特征品质指标检测与评价，推动分等分级和包装标识。打造绿色优质农产品区域公用品牌、企业品牌和产品品牌，加强农批、商超、电商、餐饮、集采等单位与基地对接，培育专业化市场，建立健全优质优价机制。

《农业农村部办公厅关于印发农业生产"三品一标"提升行动有关专项实施方案的通知》

（农办规〔2022〕20号，2022年9月16日）

种植业"三品一标"提升行动实施方案（2022—2025年）提出：打造一批区域公用品牌。将基地建设与绿色、有机、地理标志农产品认证结合，加强宣传引导和市场培育，提高区域公用品牌覆盖面和影响力、竞争力。每个种植业"三品一标"基地至少要有一个企业品牌、区域公用品牌，或获得农产品地理标志、承诺达标合格证，种植业"三品一标"基地基本实现订单生产，产品商品化处理率90％以上。

农业品牌打造实施方案（2022—2025年）明确：构建农产品品质核心指标体系，建立品质评价方法标准，推动品牌农产品分等分级。加快绿色食品、有机农产品、地理标志农产品认证，推进食用农产品承诺达标合格证制度，完善全产业链质量安全追溯体系。

农业标准化生产实施方案〔2022—2025年〕明确：到2025年，试点构建30个农产品全产业链标准体系及相关标准综合体，制修订相关标准200项，建设现代农业全产业链标准化基地300个，按标生产培训5万人次，培育一批全国知名的绿色、有机和地理标志农产品，全产业链标准化协同推进机制基本形成。

严格落实农业绿色发展、全程质量控制等相关标准，强化生产档案记录和质量追溯管理，推行食用农产品合格证制度，加强绿色、有机和地理标志农产品认证，培育一批质量过得硬、品牌叫得响、带动能力强的绿色优质农产品精品。

推动农产品品质评价。结合农业生产"三品一标"提升行动，推动建立农产品分等分级评价体系。在绿色食品、地理标志农产品等重点领域先行先试，开展农产品特征品质评价，筛选核心品质指标。加强农产品品质研究，分年度分区域识别验证主要品质成分差异，探析不同主栽品种、不同优势产区、不同生产方式差异性规律和影响机制，建立农产品品质成分数据库及应用平台。

《关于实施农产品"三品一标"四大行动的通知》

（农质发〔2022〕8号，2022年9月27日）

农业农村部印发《关于实施农产品"三品一标"四大行动的通知》（以下简称《通知》），部署实施优质农产品生产基地建设行动、优质农产品品质提升行动、优质农产品消费促进行动和达标合格农产品亮证行动。

《通知》指出：发展绿色、有机、地理标志和达标合格农产品（以下简称农产品"三品一标"）是供给适配需求的必然要求，是提高农产品质量品质的有效途径，是提高农业竞争力的重要载体，是提升农安治理能力的创新举措。要立足新内涵新定位，发挥农产品"三品一标"在产品端的带动作用，不断提高农产品质量品质，全产业链拓展增值增效空间，打造高品质、有口碑的农业"金字招牌"。

《通知》提出：实施优质农产品生产基地建设行动，建立优质农产品生产基地目录制度，推动建设一批优质农产品生产基地和重点市、县，做优做强生产供给体系。实施优质农产品品质提升行动，围绕优良品种、绿色技术、标准体系、品质评价等关键环节，加强品种品质技术集成、评价和推广。实施优质农产品消费促进行动，持续打造一批农产品精品品牌、公益宣传平台和标志性活动，建强专业化推广渠道。实施达标合格农产品亮证行动，全面推行承诺达标合格证制度，引导生产经营者树牢"不合格、不上市"理念。

《通知》要求：农业农村部成立农产品"三品一标"领导小组负责总体统筹协调。各省级农业农村部门要强化组织领导，结合实际制订本省份实施方案，加大支持力度，建立健全相关制度和机制，做好组织落实。

二、全国绿色有机地标农产品发展概况

2022 年，全国绿色食品工作系统认真贯彻落实党中央关于三农工作决策部署，按照农业农村部的总体要求，以着力增加绿色优质农产品供给为目标，深入实施农产品"三品一标"行动，推动以绿色有机地标为主体的绿色优质农产品高质量发展。绿色食品、有机农产品和地理标志农产品总量规模稳步扩大，品牌效应不断增强，为推动农业绿色发展、促进乡村产业振兴、满足城乡居民对高品质农产品的需求发挥了积极作用。

（一）总量规模

截至 2022 年底，在绿色食品、有机农产品、地理标志农产品获证单位总数 30 756 家，产品总数 63 764 个，同比分别增长 9.0%、7.9%。

2021—2022 年获证单位总数与产品总数

类 别	统计指标	2021 年	2022 年	同比增长（%）
绿色食品	获证单位（家）	23 493	25 928	10.4
	获证产品（个）	51 071	55 482	8.6
有机农产品	获证单位（家）	1 267	1 318	4.0
	获证产品（个）	4 584	4 772	4.1
地理标志农产品	获证单位（家）	3 454	3 510	1.6
	获证产品（个）	3 454	3 510	1.6
总计	获证单位（家）	28 214	30 756	9.0
	获证产品（个）	59 109	63 764	7.9

（二）分品结构

截至 2022 年底，在绿色食品、有机农产品、地理标志农产品获证单位中，绿色食品 25 928 家，占 84.3%；有机农产品 1 318 家，占 4.3%；地理标志农产品 3 510 家，占 11.4%。在获证产品中，绿色食品有 55 482 个，占 87.0%；有机农产品 4 772 个，占 7.5%，地理标志农产品 3 510 个，占 5.5%。

地理标志农产品,
3 510家,11.4%

有机农产品,
1 318家,4.3%

绿色食品,
25 928家,84.3%

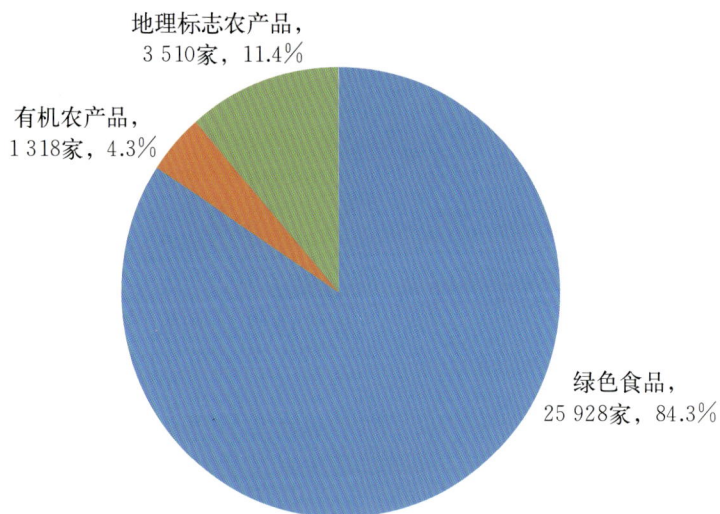

获证单位结构

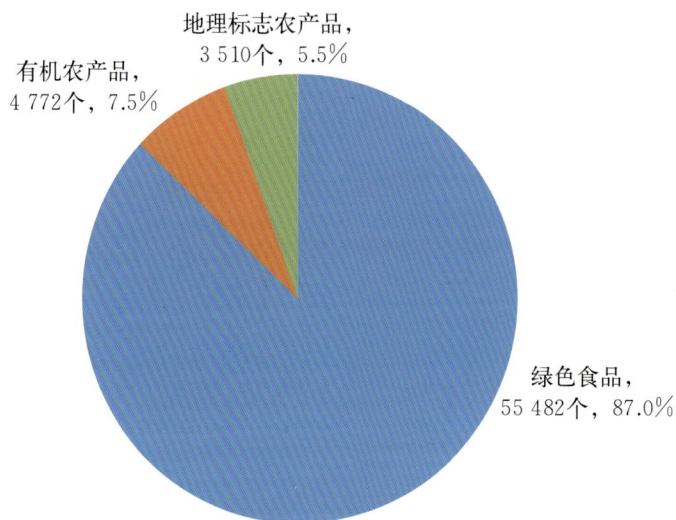

地理标志农产品,
3 510个,5.5%

有机农产品,
4 772个,7.5%

绿色食品,
55 482个,87.0%

获证产品结构

(三) 基地建设

截至 2022 年底,全国绿色食品原料标准化生产基地创建单位 508 个,原料基地748 个,包括粮食作物、油料作物、糖料作物、蔬菜、水果、茶叶及其他产品,总面积超过 1.74 亿亩[①],对接企业 6 500 家,带动农户近 2 126 万户。有机农产品基地 102个,涉及稻米、蔬菜、水果、茶叶、畜牧产品、水产品等,其中种植面积 189.9 万亩、

————————————

① 亩为非法定计量单位,1 亩≈667 米²。

天然草场放牧面积 5 415.9 万亩、水产养殖面积 103.9 万亩。

（四）品牌效益

2022 年，绿色食品国内销售额达 5 397.57 亿元，同比增长 3.4%；出口额为 31.41 亿美元，同比增长 7.9%。绿色食品产地环境监测的农田、果园、茶园、草原、林地、水域面积为 1.56 亿亩，同比增长 5.4%。

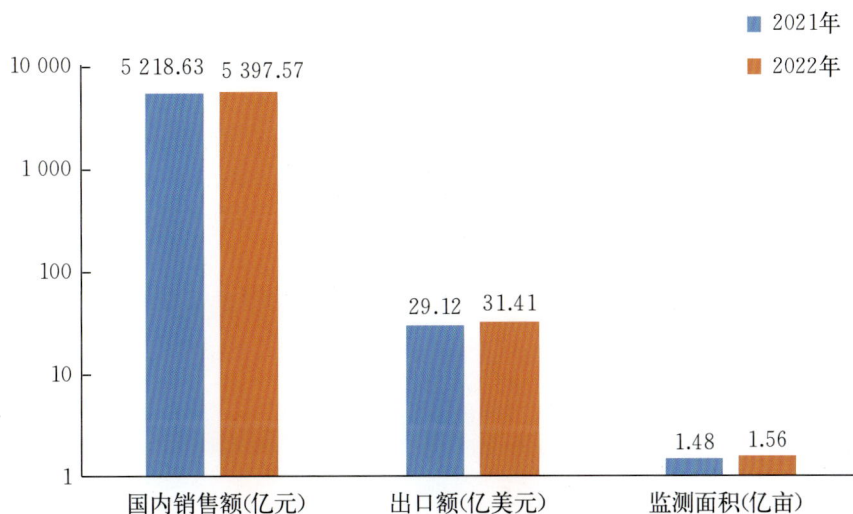

2021—2022 年绿色食品品牌效益

（五）区域发展

1. 东部地区 2022 年，北京、天津、河北、上海、江苏、浙江、福建、山东、广东、海南 10 个东部地区省份绿色有机地标农产品获证单位10 608家，产品 20 772 个，分别占总数的 34.5% 和 32.6%。

2. 中部地区 2022 年，山西、安徽、江西、河南、湖北、湖南 6 个中部地区省份绿色有机地标农产品获证单位 9 526 家，产品 18 150 个，分别占总数的 31.0% 和 28.5%。

3. 西部地区 2022 年，内蒙古、广西、重庆、四川、贵州、云南、西藏、陕西、甘肃、青海、宁夏、新疆 12 个西部地区省份绿色有机地标农产品获证单位 7 900 家，产品 17 813 个，分别占总数的 25.7% 和 27.9%。

4. 东北地区　2022年，辽宁、吉林、黑龙江3个东北地区省份绿色有机地标农产品获证单位2 609家，产品6 707个，分别占总数的8.5%和10.5%。

5. 境外地区　2022年，境外地区绿色有机农产品获证单位113家，产品322个。分别占总数的0.3%和0.5%。

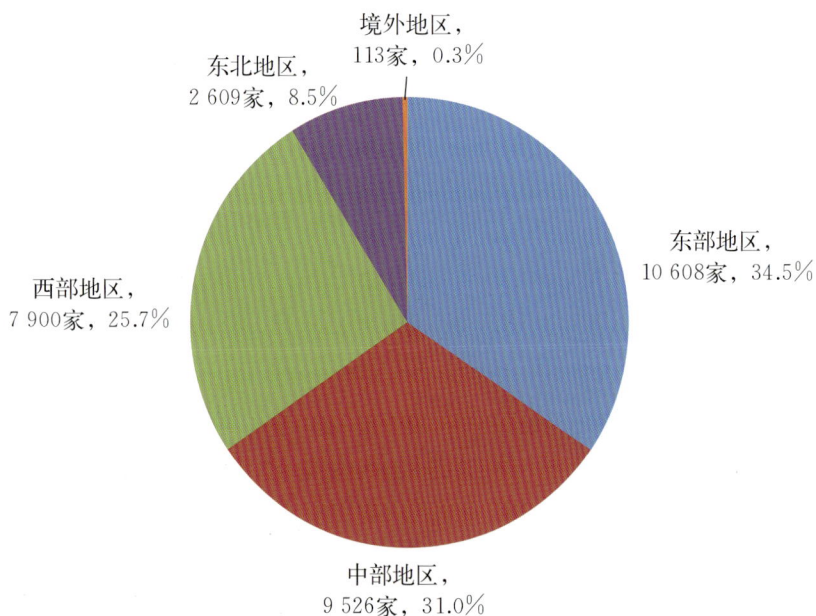

绿色有机地标农产品获证单位区域结构

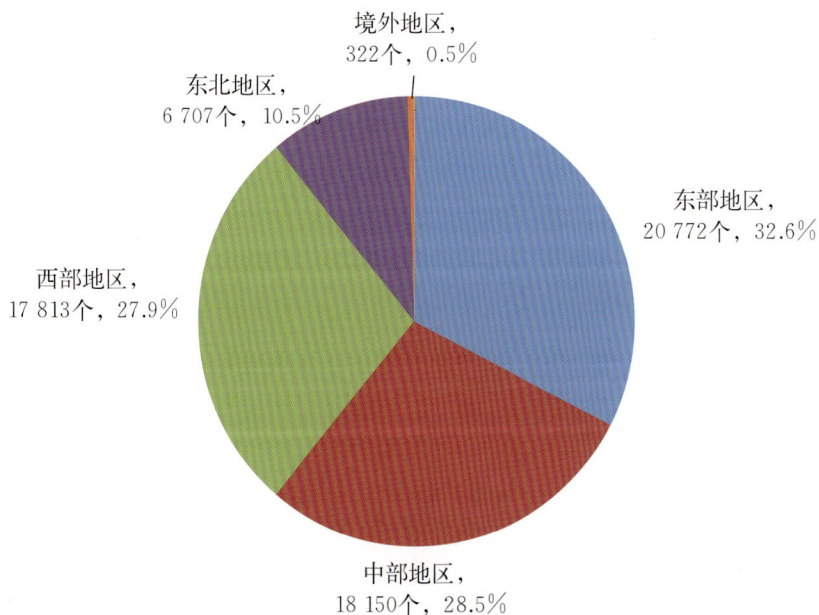

绿色有机地标农产品获证产品区域结构

三、大事记

2月22日 中国绿色食品发展中心印发《2022年绿色食品、有机农产品和农产品地理标志工作要点》（中绿办〔2022〕19号）

《要点》提出：要认真贯彻落实中央关于三农工作决策部署和部党组的总体要求，坚持稳字当头、稳中求进，紧扣高质量发展主题，以增加绿色优质农产品供给为主攻方向，发挥绿色有机地标在"品种培优、品质提升、品牌打造和标准化生产"中的重要作用，持续实施审查工作规范、规程进企入户、规范用标、品牌宣传月、队伍能力提升"五大行动"，控速度、提质量，控风险、提效益，推动绿色有机地标事业在农业高质量发展中走在前、做贡献，助力全面推进乡村振兴、加快农业农村现代化。

一是稳步推进绿色有机地标高质量发展。绿色食品发展以优化结构、做强主体为导向，研究提出指导性发展指标，重点推动农业产业化龙头企业、大型食品企业、农民专业合作示范社发展绿色食品，加快推进畜禽、水产和加工食品发展。有机农产品发展创新体制机制，深化省级工作机构和地区工作站的协作联动，重点支持资源禀赋好、工作积极性高的地区适度加快有机农产品发展，继续保持有机认证行业"第一梯队"地位。加强境外认证合作，继续保持有机行业境外认证的领先地位。深入推进地理标志农产品保护工程，示范保护一批地理标志农产品，培育发展一批乡愁特色产业，全年计划登记200个农产品地理标志。积极推动两个"三品一标"协同发展，继续支持脱贫地区绿色有机地标发展，认真落实部省共建发展绿色有机地标农产品相关要求。支持指导河北曲周县建设"全国绿色食品高质量发展先行区"、内蒙古乌兰察布市建设"北方绿色有机旱作农业先行区"，打造农业高质量发展样板。

二是严把审查监管关口。坚持从严从紧，严谨执行标准，严格履行程序，严肃落实责任，优化业务流程，强化指导服务，提高工作效率。压紧压实各级工作机构监管职责，认真落实各项监管制度，确保不发生重大质量安全事件。深入开展审查工作规范行动，以规范申报材料、强化现场检查、落实落细各级审查责任为重点，进一步优化完善工作机构审查质量综合评价机制。持续开展规范用标行动，做好新版《绿色食品商标标志设计使用规范手册》宣传推广和培训，持续做好包装标签备案等工作。

三是加快推进全产业链标准化生产。加快标准制修订工作，组织完成22项绿色食品标准制修订工作。组织开展猪肉、鸡肉、蜂蜜等 5 个绿色食品品类的品质、营养指标研究工作。组织开展地理标志农产品特色品质指标研究，制定 10 项标准。深入推进规程"进企入户"行动，组织完成 30 项区域性绿色食品生产操作规程编制工作，研究集成推广一批绿色生产防控技术，建立一批"地方政府＋科研单位＋工作机构＋企业主体"的科技成果转化试验站，积极推动绿色食品科技小院建设。稳步推进绿色食品原料标准化生产基地建设，强化产销对接，加大绿色生资推广应用，促进绿色食品全产业链发展。因地制宜推进全国有机农产品基地建设，发挥示范引领作用，推动有机农产品认证和有机农业发展。扎实推进全国绿色食品（有机农业）一二三产业融合发展园区建设。

四是持续扩大品牌宣传和市场服务。继续组织开展"春风万里　绿食有你"——绿色食品宣传月行动，推进绿色食品进社区、进学校、进超市，引导媒体记者进企业、进基地、进市场。全力办好第二十二届中国绿色食品博览会、第十五届中国国际有机食品博览会和第十九届中国国际农产品交易会农产品地理标志专展暨第七届品牌推介会。充分借助涉农媒体资源优势和宣传平台，积极运用新媒体，采取短视频、网上直播等多种形式宣传绿色有机地标工作，增强宣传效果。积极推动绿色有机地标农产品专业营销网点和渠道建设，鼓励企业和经销商建立专营店，引导批发市场、大型商超设立销售专区、专柜，支持生产和营销企业创建电商平台。深化境外交流与合作。

五是不断增强技术支撑和能力保障。加快推进国家绿色有机地标农产品管理服务平台建设，推动实现核心业务工作规范化、电子化、便利化，全面提升信息化水平。组织开展绿色食品、农产品地理标志定点检测机构飞行检查和能力验证工作，完善有机农产品检测机构管理。组织开展绿色食品生产加工废弃物资源化利用模式、粮食仓储绿色防控技术、绿色食品生产资料推广运用、地理标志农产品产业发展等研究工作。持续开展体系队伍能力提升行动。

4 月 22 日　绿色食品有机农产品和农产品地理标志工作座谈会召开

会上，中国绿色食品发展中心主任张华荣对 2021 年绿色有机地标工作进行了总结，并对 2022 年的工作做了部署安排。湖北省农业农村厅就湖北省绿色有机地标农产品发展情况进行了交流发言，上海、浙江、江苏、安徽、河南、湖南、广东 7 个省级工作机构和 1 家检测机构代表做了工作交流。因受新冠病毒感染疫情影响,座谈会以视频会议方式召开。全国各省级绿色有机地标工作机构主要负责同志、部分绿色有机地标定点检测机构代表、中心班子成员及各处室负责同志参加座谈会。

会议指出:2021 年是"十四五"开局之年,整个工作系统紧紧围绕农业农村部党组的中心工作,按照农产品质量安全监管工作的统一部署,紧扣"稳发展优供给,强品牌增效益"主线,攻坚克难、开拓进取,绿色有机地标事业发展取得明显成效,为推动农业绿色发展、提高农产品质量安全水平、促进农业提质增效作出了积极贡献。2021 年,绿色有机地标全年新增获证单位 12 123 家,产品 26 586 个,分别比 2020 年增长 26.1%和 22.9%。绿色有机地标获证单位总数达到 28 214 家,产品总数达到59 109 个,同比分别增长 19.4%和 17.5%。

会议要求:整个工作系统要提高站位,着眼全面推进乡村振兴、加快农业农村现代化全局,推动绿色有机地标工作在推行现代农业全产业链标准化生产中走在前,做"守底线""拉高线"的示范者;在推进农业绿色发展中走在前,做保护生态环境、发展生态产品的先行者;在推进乡村三产融合发展中走在前,做拓展农业多种功能、乡村多元价值的引领者;在实施农业品牌强农战略中走在前,做畅通农产品供给端、需求端的推动者。

会议部署了 2022 年绿色有机地标工作,重点是"双控双提"。一是控速度。认真落实绿色食品产品发展指标,建立续展率与新增产品数挂钩制度,对长期使用绿色食品标志的企业给予优惠政策。有机食品要坚持因地制宜,在资源禀赋好的地区适度加快发展,巩固提升中绿华夏有机品牌在行业影响力和美誉度。二是提质量。绿色食品严格平行生产、委托加工、高风险产品和申报主体等审查,继续开展审查工作规范行动,优化工作机构审查质量评价机制,强化"四查四通报"制度,保持产品质量安全水平的稳定性。继续落实龙头企业受理"快速通道"、新发展绿色食品加工产品占比应不低于 40%等措施,优化结构、做强主体,提升产业发展质量。加强有机农产品制度建设。三是控风险。落实"治违禁 控药残 促提升"行动,加大对 11 类产品的审查监管力度。组织开展年检督导检查和续展核查,加大产品抽检力度,加强风险预警监测,对农兽药残留超标产品"零容忍"。强化基地审核监管。通过整治不规范用标,查处假冒产品,防范舆情风险。强化纪律规矩,坚持廉洁从业。四是提效益。通过与现代农业示范区建设、农产品质量安全监管、农业绿色转型发展、乡村产业振兴、巩固拓展脱贫攻坚成果等工作紧密结合、深度融合，发挥功能作用，扩大社会影响。稳步推进绿色食品原料标准化基地建设，继续高质量推进绿色食品（有机农业）一二三产业融合发展园区建设，延长产业链，提升产业效益。会议还对推进标准落地和科技推广应用、提升品牌市场价值、加强信息化平台建设、地标农产品登记工作以及体系队伍建设等工作作出安排部署。

6月23日 2022年绿色食品宣传月启动仪式在线上举行。

本次活动由中国绿色食品发展中心主办，中国优质农产品开发服务协会、中国绿色食品协会、全国农产品产销对接公益服务联盟承办，京东物流、新浪微博等平台大力支持。活动中，多位千万、百万粉丝大V组成矩阵，打造亿级绿色声量，通过直播带货、现场展示、知识普及宣传等方式，广泛宣传绿色发展理念。截至6月24日，京东直播、新浪微博等平台的总观看量近200万次，吸引了超过3 400万微博粉丝关注，在新浪微博平台掀起了强烈的绿色食品宣传热。同时，中央人民广播电视总台、新华网、央广网、中国经济网、《农民日报》、中国农网、三农号、中国品牌农业网、中国食品报网、新浪微博、中国食品新闻网、《优质农产品》杂志、中华工商网、腾讯视

"春风万里　绿食有你"2022年绿色食品宣传月启动仪式在线上举行

频、今日头条等近30家媒体也对本次活动进行了系列宣传报道，在全社会营造了关注绿色优质农产品的良好氛围。本次活动中，10余款绿色优质农产品通过京东直播、新浪微博等平台进行销售推广。本次活动直播所涉及的10余款绿色食品在京东平台上的销售额高达113万元，带动其他带有绿色食品标识的产品销售额突破亿元，在京东平台刮起了一波绿色食品消费热潮。

2022年的绿色食品宣传月活动共有28个省（自治区、直辖市）举办了606场活动，邀请经销商539家，产销对接意向金额3.1亿元，涉及121个脱贫地区的687家企业，相关宣传报道1 245篇。

7月18日 2022年地理标志农产品保护工程推进视频会在京召开

农业农村部农产品质量安全监管司一级巡视员程金根出席会议并讲话。

会议指出：地理标志农产品保护工程实施3年来，各级农业农村部门联合有关部门，健全实施机制，加大推进力度，项目取得显著成效。共支持了634个地理标志农产品保护和发展，建设提升特色品种繁育基地892个、产品核心生产基地1 672个，清洁化、标准化生产稳步推进，产品质量保障能力不断提高。举办地理标志农产品为主题的文化节、采摘节、丰收节等活动1 000余场次，举办产品推介2 500余场次，带动1 130万户农户增收360亿元，品牌影响力明显提升，初步构建了以政府为引导、市场为主导，政府、企业、科研单位和农民等多方积极参与的地理标志农产品保护和发展机制，有力促进了乡村特色产业发展。

会议强调：要切实增强责任感使命感，推进地理标志农产品保护工程高质量实施，以品种培优、品质提升、品牌打造和标准化生产为主线，强化地理标志农产品特性保护和农耕文化传承，培育壮大地理标志农产品产业，让农民更多从产业发展受益，服务乡村全面振兴和农业农村现代化。

会议要求：要强化组织实施，进一步健全"县级实施，省级统筹，部门督导"工作机制，全面落实"六个一"建设任务。要发挥政策引导作用，带动各方参与保护工程。要强化产业培育，积极推进与农业文化遗产、乡村建设的融合发展，与绿色食品、有机农产品的融合应用，加强产品追溯管理。要强化宣传总结，总结提炼一批发展典型，充分利用电视、报刊、新媒体等途径，全方位、多角度宣传保护工程，营造良好社会氛围。

推进会公布了 2021 年地理标志农产品保护工程绩效考评结果，农业农村部农产品质量安全监管司标准处朱泽闻处长和农业农村部工程建设服务中心绩效评价一处王振泽处长分别进行了《2022 年地理标志农产品保护工程实施重点》《中央对地方农业相关转移支付资金管理》专题辅导。宁夏、云南、内蒙古、安徽、福建 5 省的省级农业农村部门和金华两头乌猪、黔江猕猴桃 2 家项目实施单位代表进行了经验交流。全国农业展览馆、中国农业科学院质量标准与检测技术研究所、《源味中国》制作单位、中国绿色食品发展中心地理标志处有关领导和专家进行了交流培训。

农业农村部计划财务司农业补贴处有关同志到会指导，来自全国各省（自治区、直辖市、计划单列市）农业农村行政主管部门、深圳市市场监督管理局部分领导、有关处室负责同志、农产品地理标志工作机构负责同志和代表，2019—2022 年地理标志农产品保护工程项目所在地市、县农业农村部门及项目实施单位代表 1 500 余人参加了会议，推进会取得圆满成功。

第二篇

绿色食品

一、产品发展

（一）制度建设

1. 发布实施"两规范"（2022 版），积极推动宣贯落实 为适应绿色食品高质量发展要求，进一步规范各级工作机构和检查员审查工作，中国绿色食品发展中心依据《绿色食品标志管理办法》等法律法规、绿色食品标准，结合绿色食品发展新形势、新要求，对《绿色食品标志许可审查工作规范》和《绿色食品现场检查工作规范》（简称"两规范"）进行修订，发布实施"两规范"（2022 版）。同步修订更新绿色食品调查表、现场检查报告等 32 个表格文件，制作"一图读懂"图片，编写《绿色食品标志许可审查指南》和《绿色食品现场检查指南》两种图书，逐条解读"两规范"条款，积极推动宣贯落实。

"两规范"相关图书

许可审查工作规范

1. 调整了结构框架，对内容进行整理、补充和完善

2. 修改完善了标志许可审查的定义和工作原则

3. 明确了审查职责和任务分工，全面落实工作机构和检查员分级审查责任，提高审查质量和效率

4. 进一步修改完善申请人和申请产品条件，细化了申请条件的审查要求，增强指导性和操作性

5. 进一步简化申请材料，强化申请材料的规范性要求

6. 分类制定了各类材料的审查内容和要求，增补了关于总公司和分公司、子公司申请、证书变更和增报申请的有关审查要求，进一步明确了产品调查表的审查要点

7. 进一步严格综合审查评判原则，强化了超时限补充材料和放弃申报情况的终止审查处理

现场检查工作规范

1. 适应新发展、新要求，对规范内容进行整理、补充和完善

2. 增加绿色食品线上远程检查方式

3. 进一步完善、优化现场检查程序，增加了制定现场检查计划环节，明确了管理层沟通环节

4. 修订和完善了种植、畜禽、加工、水产、食用菌、蜂产品等现场检查要点与要求

5. 进一步明确现场检查报告撰写要求

6. 修订完善了现场检查报告检查项目和检查内容，进一步明确了需要判断评价和描述评价的检查内容，删除了单项表评价项目，完善了肥料评价项目，明确了统计数据项目

7. 增加了《绿食品现场检查通知书》、《绿色食品现场检查会议签到表》、《绿色食品现场检查发现问题汇总表》、现场检查照片、《绿色食品现场检查意见通知书》等绿色食品现场检查材料要求

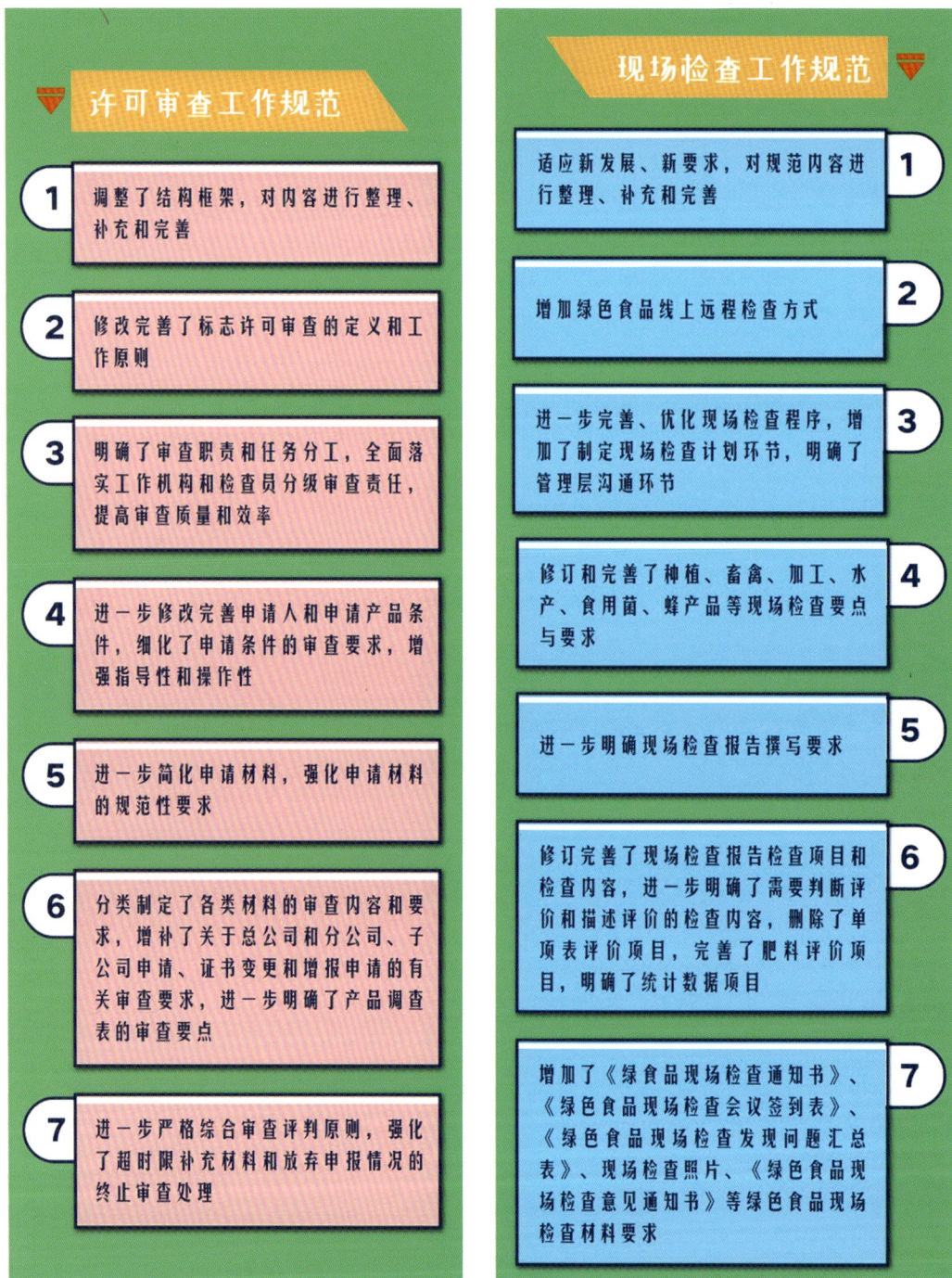

一图读懂"两规范"

2. 探索开展省级工作机构综合审查试点工作　为贯彻落实中央"放管服"改革精神和农业农村部提高办事效率、提升服务水平的工作要求，试点授权北京、天津、上海承担所辖区域种植、食用菌及其加工产品的初次申报综合审查工作。在现行绿色食品制度框架下，通过进一步优化工作流程，压缩审查周期，提高审查工作效率和质

量，以更严格、更简化、更优质的审查服务，推动绿色食品事业高质量创新发展。

（二）"双控双提"，推动高质量创新发展

1. 控速度、提质量，统筹发展指标 按照"稳增量、优供给、强主体、增效益"的高质量发展要求，制定发布 2022 年各地绿色食品产品发展指标和申报产品计划，引导各地立足资源优势，优化结构、统筹布局，围绕高质量发展目标合理配置资源。以规范申请材料、强化现场检查、落实落细审查要点为核心，深入推进审查规范行动，要求各地初次申请和续展抽查一次性审查合格率分别达到 40% 和 60%，全面提升审查工作实效。

2022 年，全国绿色食品初次申请和续展抽查一次审查合格率分别达到 52% 和 62%。内蒙古、辽宁、吉林、黑龙江、江苏、福建、贵州、云南、陕西 9 个省份加工类产品占比均超过 40%。

2. 控风险、提效率，严把审查关口 聚焦重点产品强管控，聚焦农业农村部专项整治的 11 个重点产品，要求省级工作机构检查员实施现场检查；聚焦历年绿色食品抽检及风险预警监测情况，加强对茶叶、柑橘、葡萄、芹菜、辣椒、青椒 6 类续展产品的风险管控，增设必检农药残留项目。聚焦审查重点严把关，聚焦投入品使用、现场检查报告、环境和产品检测报告、省级初审报告，保持"严查严审"的高压态势，落实"四查四通报"机制，严把审查质量关。聚焦工作作风提效率，为适应疫情防控常态化要求，主动作为，采用居家审核、集中会审等工作方式，确保审查工作不断档，业务工作不缺位。

（三）现场检查核查

中国绿色食品发展中心组织检查员分别对山西、江苏、安徽和河南等地开展了集中审查和培训工作，与地市检查员开展培训交流。完成对西藏自治区绿色食品续展核查和年检督导工作，对核查结果进行总结反馈，高质量稳步推进绿色食品续展工作。

（四）获证单位与产品

2022 年，绿色食品颁证单位 9 460 家，产品 19 612 个，同比分别减少 9.8% 和 9.4%。截至 2022 年底，全国绿色食品有效用标单位 25 928 家，产品 55 482 个，同比分别增长 10.4% 和 8.6%。

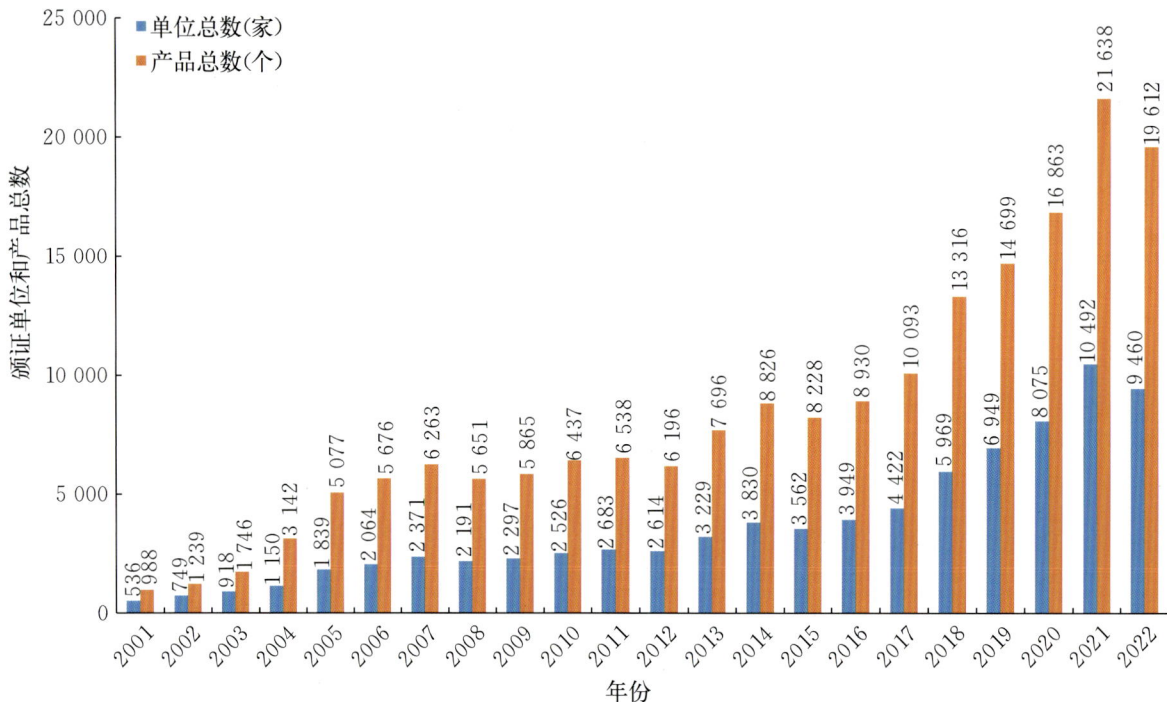

2001—2022 年当年绿色食品颁证单位和产品总数

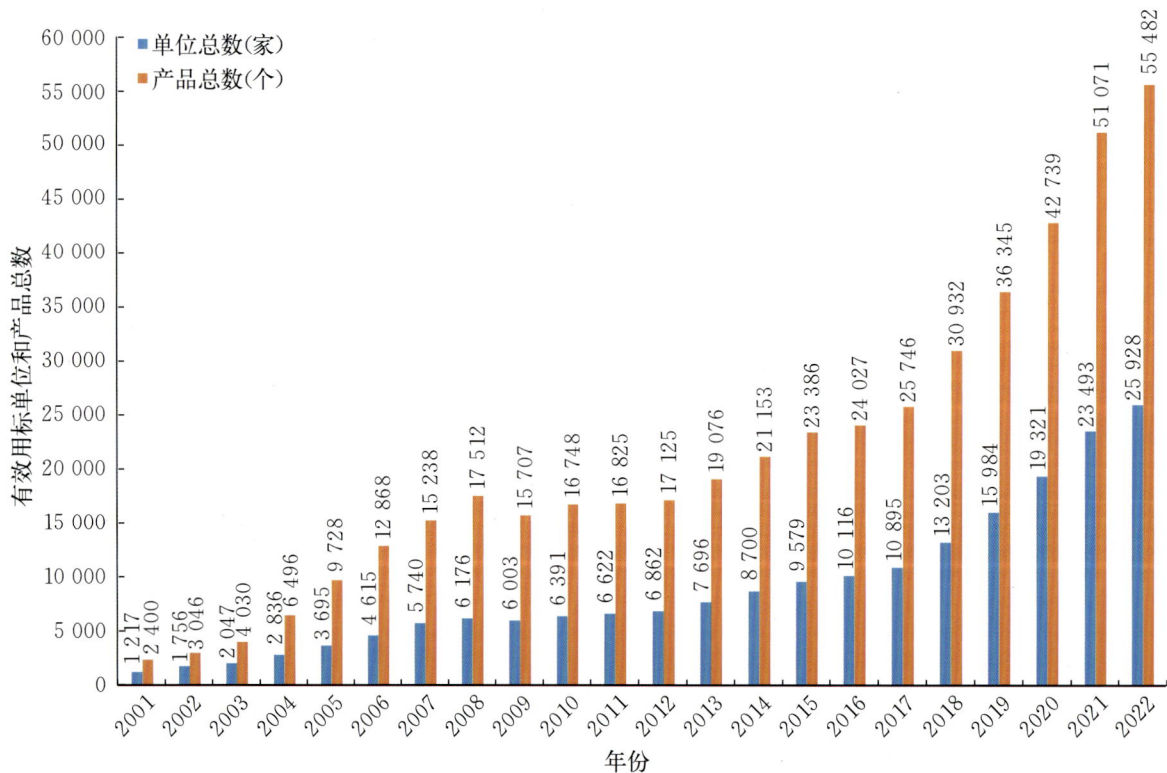

2001—2022 年绿色食品有效用标单位总数和产品总数

（五）获证产品结构

1. 产品类别结构　2022 年，在绿色食品有效用标产品中，农林产品及其加工产品有44 963个，占 81.0%；畜禽类产品有 1 988 个，占 3.6%；水产类产品有 688 个，占 1.2%；饮品类产品有 6 149 个，占 11.1%；其他产品有 1 714 个，占 3.1%。

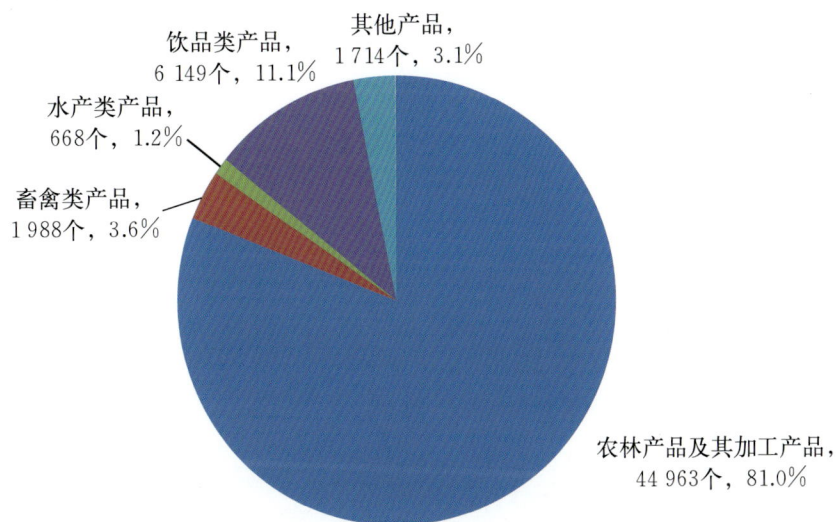

2022 年绿色食品产品类别

2. 产品级别结构　2022 年，在绿色食品有效用标产品中，初级产品有 34 956 个，占 63.0%；加工产品有 20 526 个，占 37.0%。在加工产品中，初加工产品有 17 973 个，占 32.4%；深加工产品有 2 553 个，占 4.6%。

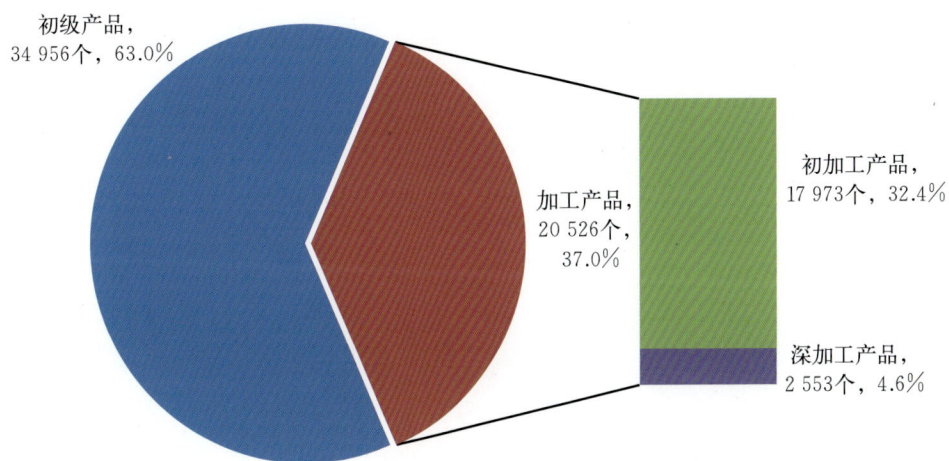

2022 年绿色食品产品级别结构

（六）区域发展情况

1. 东部地区 2022年，北京、天津、河北、上海、江苏、浙江、福建、山东、广东、海南10个东部地区省份绿色食品有效用标单位9 290家、产品18 652个，分别占全国有效用标单位和产品总数的35.83%和33.62%。

2. 中部地区 2022年，山西、安徽、江西、河南、湖北、湖南6个中部地区省份绿色食品有效用标单位8 341家、产品16 347个，分别占全国有效用标单位和产品总数的32.17%和29.46%。

3. 西部地区 2022年，内蒙古、广西、重庆、四川、贵州、云南、西藏、陕西、甘肃、青海、宁夏、新疆12个西部地区省份绿色食品有效用标单位6 118家、产品15 115个，分别占全国有效用标单位和产品总数的23.60%和27.24%。

4. 东北地区 2022年，辽宁、吉林、黑龙江3个东北地区省份绿色食品有效用标单位2 171家、产品5 357个，分别占全国有效用标单位和产品总数的8.37%和9.66%。

5. 境外地区 2022年，境外地区绿色食品有效用标单位8家、产品11个，分别占全国有效用标单位和产品总数的0.03%和0.02%。

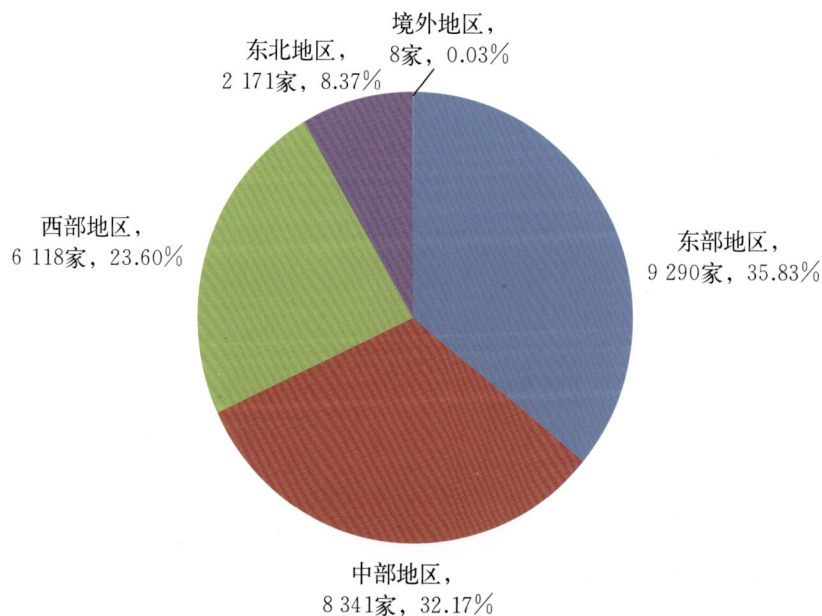

2022年各区域绿色食品有效用标单位结构

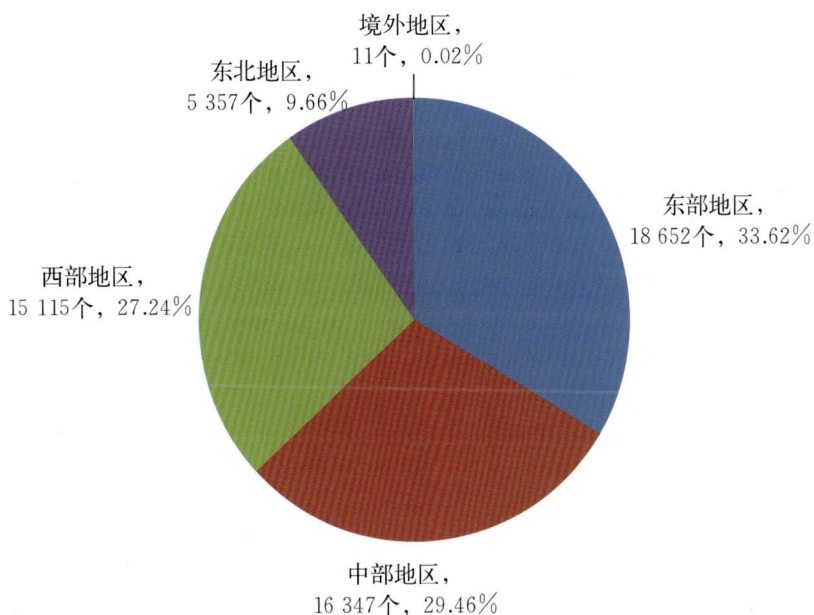

2022年各区域绿色食品有效用标产品结构

（七）龙头企业发展情况

在2022年绿色食品有效用标单位中，龙头企业7 309家、产品19 909个。其中，国家级龙头企业377家、产品1 397个，省级龙头企业2 709家、产品7 935个，地市县级龙头企业4 223家、产品10 577个。

各级农业产业化经营龙头企业绿色食品发展情况

项　　目	龙头企业合计		国家级龙头企业		省级龙头企业		地市县级龙头企业	
	企业数（家）	产品数（个）	企业数（家）	产品数（个）	企业数（家）	产品数（个）	企业数（家）	产品数（个）
数量	7 309	19 909	377	1 397	2 709	7 935	4 223	10 577
比重（%）	28.2	35.9	1.5	2.5	10.59	14.3	16.3	19.1

注：比重（%）指各级龙头企业、产品占绿色食品有效用标单位、产品总数的比重。

企业风采❶

以创新驱动发展，以科技引领未来——四川省旌晶食品有限公司

四川旌晶食品有限公司（以下简称"旌晶食品"）成立于1985年，一直以来，公司以"致力于人类营养健康事业"为宗旨，专业研发、生产和销售玉米粉杂粮粉、自发粉等绿色健康产品。90年代初，由公司主持的《快餐营养玉米粉对儿童营养保健作用的研究》《快餐营养玉米粉对人体胃肠功能保健作用的研究》等项目通过省级鉴定。1997年，公司产品首次获得绿色食品标志使用权。近30年来，公司致力于绿色有机食品的研发和生产，目前已有绿色食品22个、有机食品4个。公司自主研发的产品——无糖低脂玉米粉成为行业第一个无糖玉米粉产品，并成功获得绿色食品证书。公司多次获得"全国玉米粉类使用绿色食品标志时间领先、数量领先的品牌"、全国"最美绿色食品企业"、四川省"二十年绿色食品企业"、"四川省农业产业化经营重点龙头企业"和"首届"德阳老字号"等多个荣誉称号。

旌晶食品非常注重食品科技研发，先后参与起草了粮食行业标准《方便玉米粉》《方便杂粮粉》，农业行业标准《绿色食品 即食谷粉》《绿色食品 玉米及其制品》；与四川大学合作，编写了《玉米营养及加工技术》专业论著。

2013年，旌晶食品与四川省营养学会合作成立了粗杂粮营养促进工作委员会；与四川大学、四川旅游学院、西南医科大学、西北农林科技大学等高校专家合作，成立了旌晶玉米粗杂粮联合研究中心。研究中心的科技实验能力得到当地政府高度重视，获德阳市院士专家工作站、德阳市企业技术中心、德阳市工程技术研究中心等称号，赋予了食品技术科研基地的职能。

为了从源头控制产品质量，旌晶食品建设了玉米、大米、小米三大绿色食品原料标准化生产基地，并在内蒙古设立分公司，以"科技＋贸易＋生产"的发展战略，改变以往基地"自产自供"的模式，大力发展集约化、规模化、现代化的农业生产方式。旌晶食品秉承工匠精神，不忘初心，坚持做绿色有机高品质产品；追求卓越，以创新驱动发展，以科技引领未来；履行社会责任，满足广大消费者对营养健康的需求。

企业风采❷

上风上水处，首都市民的小菜园——北京双塔绿谷农业有限公司

北京双塔绿谷农业有限公司（以下简称"首农庄园"）成立于2012年，系首农食品集团旗下三级全资子公司，园区占地1115亩，位于中关村国家自主创新示范区的发展区，是海淀新区规划发展的最前沿。依托区域政治发展规划蓝图，园区以发展高科技现代农业为理念，集应用、展示前沿农业技术等为一体，致力于建设代表北京先进农业科技发展水平的新型都市农业园区。

首农庄园自成立之初，既秉承"首农"标准，坚持"安全、绿色、高品质、优口感"的发展理念：果蔬种植坚持绿色食品生产标准，生产产地具有无污染、生态环境优良、土壤有机质含量高、布局合理的特点。同时，园区专业的现代农业基础设施，高标准的现代农业管理技术，为首农庄园高品质蔬菜种植奠定了坚实的基础。

首农庄园全年可供应100余种蔬菜品类，维持周年生产供应需求。现以水果黄瓜、原味番茄、迷你水果彩椒3种特色蔬菜作为园区拳头产品，还有香蕉、柚子、火龙果等南果北种品种。现有绿色食品认证产品30种，并在逐年递增。每一棵蔬菜都是一个承诺。首农庄园从选种育种、种植、采收、包装运输到会员服务的全过程，都对蔬菜品质进行全方位的严格把控。新鲜果蔬当天即可配送到家，为会员提供从田间到餐桌的健康生活。

园区坚持绿色食品生产标准，为保障产品质量安全，相关管理制度涵盖了生产

物资投入品采购到种植管理，再到入库储存、销售的全过程，确保产品的安全放心。首农庄园蔬菜种植坚持绿色食品生产标准，蔬菜生产产地选择无污染、生态环境优良、土壤有机质含量高、布局合理的特点。同时，首农庄园专业的现代农业基础设施、高标准的现代农业管理技术，为园区高品质蔬菜种植奠定了基础。

二、基地建设

（一）全国绿色食品原料标准化生产基地

基地建设工作以"提升质量、稳定总量、优化结构"为重点，以高质量发展为主题，围绕产销对接的中心任务，稳步推进，有效夯实了绿色食品产业发展基础，在增加绿色优质农产品供给、满足城乡居民对高品质农产品消费需求方面发挥了引领作用。

截至 2022 年底，全国已有 29 个省（自治区、直辖市）共建成 748 个绿色食品原料标准化生产基地，包括粮食、油料、糖料、蔬菜、水果、茶叶等主要农产品和百余种区域特色农产品，基地面积达到 1.74 亿亩，总产量达 1.39 亿吨，涉及水稻、玉米、大豆、小麦等百余种地区优势农产品和特色产品，有力支撑了绿色食品产业持续健康

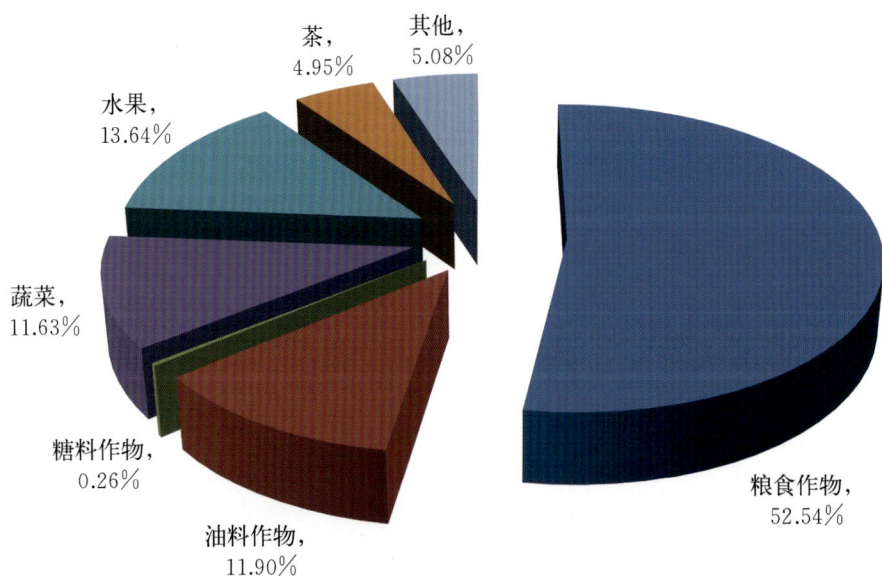

茶，4.95%
其他，5.08%
水果，13.64%
蔬菜，11.63%
糖料作物，0.26%
油料作物，11.90%
粮食作物，52.54%

全国绿色食品原料标准化生产基地主要作物类别结构

发展，成为带动农业标准化生产的重要载体、推动农业绿色发展的成功模式、促进农业增效农民增收的有效途径。

1. 有的放矢，重点推进　围绕"发挥好示范农业绿色发展，夯实绿色食品发展基础"，重点发展粮食生产功能区、重要农产品保护区、特色农产品优势区的基地，严控超大规模基地、蔬菜水果基地创建。重点支持改制后的农垦企业大力发展基地创建，增强基地产销对接功能，通过推动原料对接促进绿色食品企业发展。

2. 守正创新，推动发展　克服疫情影响，创新思路，充分利用网络技术，采取线上、线下相结合的方式开展基地验收，确保基地建设工作有序开展。本年度共有 34 个创建基地、39 个验收基地和 94 个续报基地审核合格，同时注销基地 20 个，实施动态管理，实现了"稳存量、促增量、扩总量"的目标。

3. 加强监管，排查隐患　发布《关于加强 2022 年度全国绿色食品原料标准化生产基地建设与管理有关工作的通知》，完善落实基地创建和建设责任协议的签订执行，推动基地建设三级监管落实落细。抽取 138 个基地的 465 个样品开展风险预警监测，及时掌握基地建设质量管控情况，排查风险隐患，推动基地健康发展。

4. 持续扶持，稳固成果　积极巩固脱贫攻坚成果，持续推进脱贫地区基地建设，本年度支持脱贫地区建成绿色食品原料标准化生产基地 11 个。截至 2022 年底，脱贫地区共有全国绿色食品原料标准化生产基地 181 个，有效助推乡村振兴。

5. 强化培训，建设队伍　组织两期线上全国绿色食品原料标准化生产基地培训班，并为黑龙江、重庆、河南、内蒙古、贵州、江苏等省份组织的省级培训班授课，累计培训 4 900 余人，有效提升了基地管理人员的业务知识水平。

6. 提升服务，稳步建设　采取整理续报清单、主动跟进沟通、及时解决困难等措施，为省级工作机构提供指导服务，保证基地存量稳定。

7. 协调对接，促进流通　为浙江、安徽、北京、河南、内蒙古、黑龙江等地的绿色食品原料标准化生产基地进行产销对接协调，促进原料流通，满足加工企业和基地的供销需求。

黑龙江省实行严格监管制度，保障绿色食品基地高质量发展

黑龙江省坚持质量兴农、绿色兴农、品牌强农发展方向，探索建立全程质量控制模式，实行"十项"最严格监管制度，推动绿色食品原料标准化生产基地高质量发展。目前，黑龙江省建有全国绿色食品原料标准化生产基地159个，面积6 845.5万亩，居全国首位。

黑龙江省全国绿色食品原料（水稻）标准化生产基地

1. 建立一套制度，强化顶层设计管控基地 省农业农村厅印发《关于进一步加强绿色食品质量管理的意见》，推行"十项"最严格监管制度，提升绿色食品基地管理水平。制定了《全省绿色食品基地管理提升工作实施方案》《绿色食品基地管理员注册管理办法》《绿色食品原料生产经营主体备案管理办法》《绿色食品农企高效对接示范基地实施方案》等文件16份，完善了配套管理制度，为基地建设工作提供了依据。

2. 带出一支队伍，强化源头准入管控基地 实行基地管理员注册制，完成3

批共912名基地管理员的注册工作，覆盖所有基地单元；重点村配备基地协管员，组建一支基地管理人员队伍，做到块块有人管、事事有人抓。采取基地准入制，严格执行绿色食品产地环境质量要求，禁止在土壤环境质量风险管控区域建立生产基地。建立基地环境质量准入制度，所有基地都建在生态优势明显、绿色食品生产能力强、农业基础条件好的主产县。目前，省级层面共组织了2次全省范围的绿色食品基地环境质量检测，布设采样点位1.3万个，全部符合《绿色食品 产地环境质量》标准，总体环境良好，适宜大力发展绿色食品。其中，95.2%的点位属于清洁等次，远远高于全国平均水平。

3. 备案一批主体，强化过程约束管控基地 推行绿色食品原料生产经营主体备案制，以备案主体为重点，抓好基地核心区建设、投入品管控、利益联结机制等关键环节，总结经验，示范推广。截至2022年，全省共备案4批894家生产经营主体，平均每个基地7家生产经营主体。

采取清单制、巡查制，加强投入品管控。按照绿色食品农药、肥料使用准则，以技术专家"开方"的方式细化实化每种作物绿色食品投入品允许使用清单及方法，并在生产基地和农资商店进行公示。制定53项绿色食品生产技术规程，以黑龙江省地方标准发布实施，作为全省统一的绿色食品生产技术指导。省级每年印发绿色基地生产管理手册10万本以上，各绿色食品基地县都制定了明白纸、操作历、实战挂图、宣传单等简明宣传材料，推动规程"进企入户"、落地达标。"双随机"开展投入品监管，县级农业农村部门依托农业综合执法机构建立监督管理队伍，在备春耕、春种、夏管等投入品使用关键时间节点，对基地投入品进行监管巡查。对发现违规使用投入品的基地，当季生产的产品不得作为绿色食品原料或产品对外销售。

采取认证核查制，以经营主体备案确认书作为绿色食品原料购销的重要凭证，核实基地、企业的真实情况，促进有效对接，优质优价销售。引导绿色食品企业参与绿色食品基地建设管理工作，发挥龙头带动作用，强化"企业＋基地＋农户"管理模式。

4. 公告一批典型，强化结果导向管控基地 采取公告制，将备案主体、带动企业的产品信息、质量检测情况定期在媒体上公告，广泛接受社会监督，提高产品质量的透明度。加大原料产品抽检制，按照不同品种确定抽检比例，粮油、山产品等大宗产品抽检比例达到50％以上，水果和蔬菜等产品抽检比例达到100％，保证基地原料质量安全。

引进基地管理通报制，结合基地年检工作，对所有基地进行综合评定，对成绩突出的基地和人员进行通报表彰，在政策扶持上给予重点倾斜。目前，共表彰优秀管理基地31个、管理员280人，对基地管理水平的提高起到了巨大的引导带动作用。对批准后出现质量安全事故的基地和单位，实行责任追究制，依法依规处理有关人员和单位。

地方典型❷

重庆市奉节县齐抓共管巩固全国绿色食品原料（脐橙）标准化生产基地创建成果

重庆市奉节县全国绿色食品（脐橙）原料标准化生产基地涉及7个乡（镇、街道），总面积24.3万亩。为此，县政府每年统筹财政资金4 000余万元，倾力打造这一国家级绿色发展金字招牌。

1. 建立长效机制，夯实管理体系 在基地建设过程中，领导小组全面统筹，县农业农村委、县财政局、县生态环境局等相关部门和7个乡（镇、街道）主要负责人齐抓落实，"各炒一盘菜，共办一桌席"，持续推进基地建设管理工作。严格执行《绿色食品 肥料使用准则》《绿色食品 农药使用准则》，严格记录生产记录。

组建绿色食品基地技术推广体系，包村入户到企，常态化对基地生产管理人员、技术推广员、基地农户、龙头企业人员进行知识培训，免费发放技术资料，培养出了一批农民"科技带头人"。

2. 坚持生态优先，打造洁净产地 严格落实基地环境保护制度，拓展联防联控，加强基地水源保护，严控区域内生产建设活动，杜绝工业"三废"和生活垃圾等污染源，确保基地环境达标达效。在镇街设立绿色食品技术宣传栏，建立基地农业投入品专供点，公示允许使用投入品，县农业综合行政执法支队负责监督管理。每年依托国家、市、县三级风险监测和监督抽查，抽检奉节脐橙200余批次。设立160个农药包装废弃物回收点，农药包装废弃物回收率达到80%以上。

3. 发展绿色生产，助推产业提升 全面普及推广绿色生产，主推"园生草、枝挂板、杀虫灯、生物药、有机肥"等绿色生态种植技术。创新推广"畜—沼—果"生态循环模式，实现"以草养畜、以畜养橙、以橙增收"。推行统一肥水管理、统一病虫防控、统一机械作业、统一整形修剪、统一采摘洗选的"五个一"技术指导模式，实现技术服务全覆盖。联合华中农业大学、西南大学等10余家科研院所，成立奉节脐橙科技协同创新中心。依托西南大学技术专家团队，实现了柑橘病虫害的智能化监测。

4. 严格监督管理，打造示范标杆 一是规范标识标牌使用。创建区域7个乡（镇、街道）统一制作安装基地标识牌，严格落实绿色食品相关标志使用准则。二是健全监督管理制度。印发《奉节县绿色食品原料（奉节脐橙）标准化生产基地监督管理制度》，落实专人专责，加强对创建工作中的基地环境、生产环境、生产过程、投入品使用和档案管理的监督检查。三是建立农产品质量安全网格化管理制度。形成从乡镇到村（社区）、到生产主体的管理服务网络。

5. 坚持产业化经营，实现延链增收 一是增加优质供给。拓展了"公司＋合作社＋示范基地＋农户"的产业发展新模式，推动运行成本科学管控，提升原产地规模化供应水平。二是推进精深加工。创建国家现代农业产业园奉节县脐橙电子交易集散中心（脐橙精深加工中心）；建成以重庆赤甲集团为支撑的矩阵式商品化处理体系，洗选能力达到560吨/小时。培育22家农产品加工企业，研发推出脐橙果干、果酒、蜂蜜等系列产品，打造特色品牌"醉白帝"，农产品加工转化率达到95%，使脐橙价值提升300%以上，年产值达5亿元。三是做活"三产"强融合。做实农商文旅融合文章，全力做好脐橙产业发展与文化旅游相结合，创新举办"中国·白帝城"国际诗歌节、中国·重庆奉节国际橙博会、中国（重庆）柑橘高质量发展大会、脐橙开园节等会展节庆活动，推动脐橙产业聚集。在草堂、安坪、永乐等脐橙主产乡镇形成了以采摘游玩、直播带货、橙旅融合为一体的乡村旅游新模式。

（二）全国绿色食品（有机农业）一二三产业融合发展园区

全国绿色食品（有机农业）一二三产业融合发展园区试点创建工作始于2016年。根据《国务院办公厅关于推进农村一二三产业融合发展的指导意见》和原农业部印发的《农村一二三产业融合发展推进工作方案》，中国绿色食品发展中心着眼"发挥优势、突出特色、拓展功能、延长产业链条"的总体战略目标，积极推动一二三产业融合发展项目。截至2022年底，全国共建成41个绿色食品（有机农业）一二三产业融合发展园区。园区涵盖蔬菜、水果、茶叶、菌类、水产等多个产业，较好地发挥了绿色有机食品生产环境好、品牌影响力大、产业特色鲜明、经营主体实力强的优势，突出绿色食品和有机食品的品牌文化特色，形成了与贸易流通、生资服务、休闲旅游、金融服务、电子商务、康养度假等业态融合发展的模式，积极引导绿色食品（有机农业）向多功能、多要素拓展，向产业链条更加延伸、经营业态更加丰富转变。绿色食品（有机农业）一二三产业融合发展园区放大了绿色食品和有机农业先进理念和品牌文化影响，对引领示范农业标准化生产、促进产业化经营和品牌化发展、助力乡村振兴发挥了积极作用。

地方典型❶

且看湖畔绿意浓　融合发展功能强
——江苏省宝应县绿色食品（荷藕）一二三产业融合发展园区

宝应县是"中国荷藕之乡"，丰富的自然资源加上良好的生态环境、悠久的种植历史，逐步形成了种植、加工、外销、休闲旅游的荷藕全产业链。

　　示范园区规划总面积 30 万亩，其中核心区示范区 1.5 万亩、功能拓展区 8.5 万亩、辐射区 20 万亩。为做强荷藕产业，讲好荷藕故事，充分发挥绿色食品产业在促进农业高质高效走在前列的"排头兵"作用，示范园凭借资源、技术、品种、品牌等优势，荷藕种植面积、产量、出口 3 项均位于全国前列。示范园积极探索建立园区与农民利益联结机制，促进农民增收，共同分享一二三产业带来的收益。

江苏省宝应县绿色食品（荷藕）一二三产业融合发展园区

　　作为全国绿色食品一二三产业融合发展示范园，园区依托宝应县 12 万亩全国绿色食品原料（莲藕）标准化生产基地，推动示范园荷藕种植标准化、绿色化。种植过程尝试品种改良科学试验，督促种植户优选品种；合理施肥、科学用药，推进生物防治；举办技术培训、上门业务指导，有力提高标准化生产能力和水平；积极推广藕田套养鱼虾等绿色高产高效复式种养模式，有效提升园区绿色食品品牌效应和效益，逐步形成一套"环境有监测、操作有规程、生产有记录、产品有检验、上市有标识"的标准化生产模式。

　　示范园以荷园为中心打造荷藕绿色食品文化小镇。总投资 1.5 亿元的荷园景区内园中有园，遍植荷藕、睡莲等传统湿地植物，园区内设立绿色食品专卖、农耕体验、科学试验、荷藕种植、休息采风五大功能区域。目前，荷园景区已创成全国乡村旅游示范点、国家 AAA 级旅游景区，年游客接待量 30 万人次以上，形成具有较高观光价值、较高经济效益、有湿地特色的田园旅游产业综合体，逐渐发展为射阳湖荷文化度假区的"生态聚宝盆"。

　　射阳湖镇乡村文明与全国绿色食品一二三产业融合发展，依托产业优势，引导外出务工人员返乡打工致富，积极主动参与家乡建设，共同打造生态宜居的美好家园。

　　面对未来，江苏省宝应县射阳湖荷藕产业示范园将坚持"特色品种种植＋龙头企业深度加工＋乡村旅游"的"三区"同建，着力提升绿色食品的综合效益，做大做强绿色食品产业，形成"发展绿色食品，打造绿色产业，享受绿色生活"的新型产业园区。

地方典型❷

湖南省南县全国绿色食品（稻虾米、菊花）一二三产业融合发展园区

　　湖南省南县全国绿色食品（稻虾米、菊花）一二三产业融合发展园区结合县稻虾产业发展现状，借助"互联网＋"以及新的商业模式，聚集产业资源，以产、学、研为方向，以智慧农业、品牌农业、生态农业为核心，着力打造以"特色养殖、三产融合"为基础的稻虾产业支撑服务平台，构建起以一产业为先导，二、三产业为联动的现代农业创新示范园。

湖南南县全国绿色食品（稻虾米、菊花）一二三产业融合发展园区

　　园区以现代农业为主导，全力打造新农人培育、农业发展模式研发、农产品推广销售、农产品仓储与贸易、精致农业示范、品牌农业服务等功能于一体的行业支

撑核心区。建设了小龙虾培训基地，构建了"洞庭虾网"服务平台。通过将小龙虾养殖的成功经验进行推广和交流，在企业、市场和农户间搭建价格信息共享及交易平台，建立养殖基地与农户、与加工企业、与冷链物流平台的利益联结机制，提供多方位平台综合服务。公司主要销售产品有菊花、稻虾米及小龙虾，通过网络平台和信息技术实现对农产品生产、销售、物流各个环节的实时对接和互通。同时构建了农产品销售与供应连接渠道，通过互联网思维打通农产品投放推广的双向流通模式，围绕菊花、稻虾米等特色农产品，注册了"南洲风物""捣蛋虾队长""稻虾菊"等品牌商标，将农产品销售到全国各地。同时，公司还通过益村电子商务服务的拓展，构建农村信息生产、传播、聚合与互动的特色农村互联网信息与服务平台。通过模块化运营，促进了农村农业产业的转型升级和高效发展。

为更好地促进稻虾一二三产业融合发展，公司投资近亿元建设现代化的南县稻虾米特色加工产业园。稻虾米加工车间设施规划布局参考日本稻谷烘干、加工的最新工艺进行分段式加工，并配备研削精米机设备及胚芽米设备系统，可生产精米、胚芽米等功能性大米。生产工艺设计含3条自动化生产线，包括精米加工生产线1条、胚芽米生产线1条、稻虾米熟食米饭生产线1条。通过建设多个立筒仓，集中批量将稻谷存放至仓。在车间加工时，采用连续、稳定的进粮方式，从车间进粮、设备操作到副产品的集中收集，均实现了自动化操作。

园区积极宣传绿色食品发展理念、技术标准和制度规范，通过了ISO 9001质量管理体系和绿色食品认证。对于相关人业务员进行质量要求及绿色食品标准化生产操作规程培训，要求严格按照质量管理手册和绿色食品标准化生产操作规程作业，园区种植、加工、生产记录完整有效，建有企业自律性农残检测室，具备质量安全检查能力并能定期开展自查工作。园区内产业化生产并出售的稻虾米已全部获得绿色食品标志使用权，近三年内未发生安全生产事故和质量安全事故；连续三年总资产、主营业务收入和利润等主要经济指标稳定增长。

三、标志管理

（一）继续完善标志商标注册

1. 商标境内注册及版权保护情况　截至 2022 年底，中国绿色食品发展中心在境内注册的证明商标共涉及 9 个商品类别、10 种形式、93 件商标，基本涵盖了食用农产品和加工品。标志商标注册有效地保护和宣传了绿色食品品牌。绿色食品标志图形及绿色食品中、英文组合著作权在国家版权局登记保护成功，有效期为 50 年，为绿色食品标志在非注册类别上的保护提供了法律凭证。

2. 商标境外注册情况　截至 2022 年底，绿色食品商标在日本、韩国、法国、葡萄牙、俄罗斯、英国、芬兰、新加坡、澳大利亚、美国、中国香港 11 个国家和地区成功注册，为绿色食品产品打入国际市场提供了更好的法律保护和支持。

（二）实施费用减免政策

1. 贫困地区帮扶减免情况　为巩固拓展脱贫攻坚成果，扎实推进乡村全面振兴，中国绿色食品发展中心继续对原国家级贫困县、"三区三州"等深度贫困地区、农业农村部定点扶贫县、原农业部对口指导环京津贫困县和大兴安岭南麓片区贫困县绿色食品申报主体实行审核评价费和标志使用费全免政策。截至 2022 年底，共计对 832 个原国家级贫困县的 2 325 家企业的 5 123 个产品进行了费用减免。

2. 疫情和自然灾害影响企业减免情况　为防止新冠病毒感染和自然灾害对绿色食品生产主体造成冲击和影响，帮助企业尽快恢复生产、渡过难关，2022 年，中国绿色食品发展中心继续对受灾情、疫情等影响严重的绿色食品企业实行费用减免政策，共涉及 11 个省（自治区、直辖市）的 288 家企业。

（三）继续开展规范用标行动

2022 年，中国绿色食品发展中心继续组织开展"绿色食品规范用标行动"。按照行动方案的活动安排与工作要求，与各地绿色食品工作机构精心组织、积极落实，开展了一系列富有成效的工作。中国绿色食品发展中心组织完成《中国绿色食品商标标志设计使用规范手册》（2021 版）教学宣传短视频制作。持续开展推进包装标签备案制度落实、打击假冒侵权行为、绿色食品标志知识产权保护专题研究等一系列工作。通过开展规范用标行动，进一步强化了企业主动用标和规范用标，提升了绿色食品品牌影响力，达到了预期目标。

四、证后监管

（一）企业年检

2022 年，中国绿色食品发展中心完成了对西藏自治区督导检查工作。专家组采取机构检查、企业走访及座谈会等方式对省级工作机构企业年检工作开展情况进行了监督检查，督促绿色食品办公室对提出的问题进行了整改部署。

（二）产品抽检

2022 年，全国共抽检绿色食品产品 9 547 个，比 2021 年增加了 408 个，增幅 4.5％。抽检产品数占 2021 年末产品总数的 18.69％。检出不合格产品 76 个，抽检合格率 99.2％。

（三）标志市场监察

2022 年，全国参与市场监察工作的各级绿色食品办公室共 41 个，其中省市级绿色食品办公室 26 个、县区级绿色食品办公室 15 个；共检查了近 43 个城市或地区的 110 个各类市场。固定市场实际抽样 61 个，流动市场 49 个。抽到样品涉及 407 个企业，占有效用标绿色食品企业总数的 1.73％；共抽取有效样品 939 个，占有效用标绿色食品产品总数的 1.84％。其中，规范用标产品总数 815 个，占比 86.79％，同比上升 2.25％；不规范用标产品总数 111 个，占比 11.82％，同比下降 3.12％；假冒产品总数 13 个，占比 1.38％。

（四）风险预警

2022 年，中国绿色食品发展中心确定"瓜果类产品质量跟踪监测""水产品质量跟踪监测"为质量安全风险预警项目。分别委托华测检测认证集团股份有限公司、谱尼测试集团股份有限公司、湖南景业检测技术股份有限公司、农业农村部肉及肉制品质量检验测试中心（南昌）4个检测机构承担相关工作。

（五）产品公告

2022年，通过《农民日报》《中国食品报》共发布31期产品公告，其中《农民日报》10期、《中国食品报》21期。通过上传中国绿色食品发展中心网、中国农产品质量安全网两个网站和"中国绿色食品""绿色食品博览"两个公众号发布72期获证产品公告。累计公告获证企业5 605家，产品10 800个。其中，初级企业3 916家，产品6 900个；加工企业1 689家，产品3 900个。公告撤销标志使用权的企业51家，产品57个。其中，初级企业38家，产品38个；加工企业13家，产品19个。

（六）开展质量安全专项监督检查工作

按照部党组关于"防风险、保安全、迎二十大"工作要求和农业农村部监管司工作部署，2022年10月，中国绿色食品发展中心牵头组织开展了绿色食品、有机农产品和地理标志农产品质量安全专项监督检查工作。各省级工作机构按照中国绿色食品发展中心通知要求在确保疫情防控措施到位的情况下，先后以不同方式组织开展专项监督检查工作。辖区内疫情相对比较稳定的上海、重庆、湖南等地的省级机构，在全域开展了现场交叉检查；辖区内部分市县疫情相对比较严重的新疆、西藏、兵团等地的省级机构，按照中国绿色食品发展中心文件要求对辖区内市县下发了有关通知，结合当地疫情防控要求，组织相关人员在本地开展了现场检查。截至2022年底，全系统共组织完成了1 500余家企业的现场交叉检查，并发放了质量管理制度规范和生产操作规程等宣传资料，加强标准规程推广落地。在专项行动中，绿色食品完成产品抽检714个。其中，合格产品711个，不合格产品3个。

地方典型 ①

夯实基础　强化监管，筑牢山西绿色优质农产品质量安全防线

2022年，山西省认真贯彻上级工作要求，持续推动绿色优质农产品供给和监管能力提升。省级财政列支 3 000 万元专项资金对全省绿色优质农产品进行奖补，全年共 817 个产品获证，远超年初省政府制定的 500 个的考核任务，连续 5 年平均增幅超过 40％，绿色优质农产品供给能力显著提升。全年安排省级绿色优质农产品抽检 230 批次，实施绿色优质农产品监测面积 200 万亩，先后督查 33 个县 95 家绿色农产品获证企业，有力促进了绿色优质农产品工作持续健康发展。具体经验做法如下：

一是强化监管制度建设，夯基础保安全。立足职能，研究制定了认证农产品质量安全风险评估、应急处置、追溯管理、巡查检查、检验检测、进出公告、抽检通报等一系列制度，夯实制度基础，证后监管工作做到有计划、有预案、有布置、有落实、可追溯。坚持一手抓发展一手抓监管，更加注重监管能力提升，注重认证农产品安全，把加强监管制度建设、推进监管长效机制建成放在更加重要的位置，坚决防止重认证、轻管理，重发展、轻质量的"两张皮"问题的发生。

山西省大同市绿色食品原料（黄花菜）标准化生产基地

二是强化标准落地，提升规范生产水平。突出绿色农药、肥料等准则和规程"进企入户"，印制宣传手册1000万份发放给村民和企业，树立增强绿色生产理念和质量安全意识；强化"制度上墙，规程下地"，要求认证农产品企业必须做到"有标可依、按标生产"，严格投入品管控和全程质量管理。2022年，由山西省绿色食品发展中心领导带队，先后深入忻州、太原、朔州等11个市开展督查检查，对问题企业现场出具检查整改单，要求其限期整改，并列入重点监管名录，省市县严格管理，责任到人，持续跟踪检查整改落实成效，实行回头看和整改成效评估，严格主体责任落实和属地监管责任落实。

三是强化检验检测，坚决排查消除隐患。制定年度抽检计划，对年检工作持续发力，不断加大推进力度。加大对叶菜类、茄果类蔬菜和水果等高风险产品抽检力度，对重点企业、重点产品进行重点抽检，做到防患未然不留隐患。同时，与省内外检验检测机构建立了沟通联络机制，利用例行监测、监督监测数据，编制完成了《2022年度山西省认证农产品抽样检测项目分析报告》，为下一年度监管工作提供现实参考。

四是强化追溯挂钩，拓展证后管理工作。山西省农业农村厅印发了《关于全面落实农产品质量安全追溯与农业农村重大创建认定等工作挂钩要求的通知》，坚决抓好追溯"四挂钩"意见的推动落实，在开展农业农村重大创建认定、农业品牌推选、农产品认证、农业展会等工作中严格落实追溯挂钩规定。山西省绿色食品发展中心突出抓展会挂钩，以省组委会名义下发文件要求严格落实追溯"四挂钩"规定，并派出工作人员现场监督。对于出现质量安全问题的企业和产品实行一票否决，坚决杜绝问题企业和产品出现在展会上。

地方典型❷

河北省从严从实从细抓好产品抽检，夯实绿色有机地标产品高质量发展基础

2022年，河北省将绿色有机地标产品抽检工作纳入全省农产品质量安全提升行动，坚持问题导向和目标导向，谋实招、下细功、严落实，争取财政专项资金进

一步夯实河北省绿色有机地标产品高质量发展基础。

——抽检安排坚持"三个结合"。河北省绿色有机地标产品抽检按照"三个结合"原则进行组织，做到真抽样、抽真样、真检测。一是结合生产季节规律，即结合产品生产的时间节点、生长规律进行安排，掌握生产特点，提高抽检靶向性；二是结合组织化程度，即结合企业年检等工作中了解到的具体情况，加大对标准化生产组织程度较低生产主体的抽检力度，提高抽检针对性；三是结合行业风险监测结果，即结合行业生产重点投入品生产、经营、使用以及是否存在违法违规行为等情况进行安排，探索投入品源头把控与抽检工作内在联系，提高抽检有效性。

河北鸡泽绿色食品（辣椒）一二三产业融合发展园区

——抽检范围突出"三个重点"。一是突出重点品种。围绕农业农村部"治控促三年行动"中明确的11个重点品种和菜篮子产品进行认真梳理，将韭菜、豇豆、芹菜等9个品种确定为河北省绿色有机地标抽检重点品种，并进行全覆盖抽检，共检测产品60批次，全部合格。二是突出重点时段。坚持政治站位，聚焦冬奥会和冬残奥会、全国"两会"、暑期保供等重点时段，针对张家口、秦皇岛、唐山等区域，先后组织开展绿色有机地标产品应急抽检，未发现不合格产品。三是突出重点企业。与全省农产品质量安全总体监测情况有机结合，以上年度省级农产品总体监测合格率偏低、发现禁限用药物县的绿色有机地标生产企业为重点，开展全覆盖抽检。

——抽检结果强化"三个运用"。一是警示提醒。针对抽检出问题的绿色有机地标企业和产品，迅速按程序进行处置，同时在全省范围进行通报，警示提醒企业规范投入品管理使用，严格落实间隔期、休药期等相关规定，强化按标组织生产。二是补短强弱。组织专家赴现场进行核查，找出原因、认真分析、督促整改、总结经验、补齐短板，并举一反三，推进绿色优质农产品整体生产水平提升。三是促进续展。合格的检测结果，可作为信誉良好的绿色食品生产企业续展产品检测报告使用，降低企业成本，提升续展积极性。

五、技术支撑

为推进绿色优质农产品高质量发展，中国绿色食品发展中心继续着力强化绿色食品产业技术支撑。2022年，全系统重点围绕课题研究、技术支撑体系建设、绿色生产技术研究集成与推广应用、生产操作规程示范推广、发展绿色生资、推进信息化建设等几个方面开展积极探索，取得了突出成效。

（一）提升绿色食品品质，深入开展相关课题研究

1. 绿色食品独特品质研究工作　2022年，中国绿色食品发展中心委托中国农业科学院蔬菜花卉研究所、中国农业科学院农业质量标准与检测技术研究所、黑龙江省华测检测技术有限公司、中国农业科学院蜜蜂研究所、农业农村部农产品质量安全风险评估实验站（唐山）等7家单位开展了黄瓜、猪肉、鸡肉、蜂蜜和板栗5个品类产品的绿色食品独特品质研究，初步确定了一些突出产品品质和营养的参数及指标，对于绿色食品产品标准研制具有重要参考价值。

经过5年的探索研究，绿色食品品质指标研究已形成了一套较成熟的研究方法和技术路线，目前已完成柑橘、黑木耳等23类产品的独特品质研究，部分研究成果已纳入相关产品标准，进一步完善了绿色食品标准指标体系，为提升绿色食品品质提供了技术支撑。

科研典型

绿色食品猪肉品质指标研究课题——中国农业科学院农业质量标准与检测技术研究所

为挖掘绿色食品产品品质、营养功能特征，课题以猪肉为研究对象，对我国猪肉品质指标开展研究，为构建绿色食品猪肉品质、营养功能评价体系，促进绿色猪肉产业的健康发展及生猪产业高质量发展提供参考依据。

——梳理猪肉品质相关标准。对我国现行涉及猪肉品质的国家和行业标准进行梳理，发现现有的标准主要规定的是猪肉的感官品质指标和食品安全指标，缺乏对食用品质指标和营养品质指标（仅水分）的规定要求，品质评价体系不完善。目前我国缺乏专门的绿色猪肉标准，现行的农业行业标准《绿色食品 畜肉》缺乏食用品质和营养品质的标准要求，需要进一步提高绿色标准要求以符合绿色优质猪肉的发展需求，引领并全面提升猪肉品质。

——筛选猪肉主要品质、营养指标。通过查阅和收集中国知网系列全文数据库等数据库系统，查阅整理近十年与猪肉品质相关的文献，筛选了猪肉的主要品质和营养指标。猪肉的感官品质包括色泽、风味、嫩度、咀嚼性、多汁性、弹性等；食用品质包括保水性、pH、熟肉率、挥发性风味成分、鲜味氨基酸、肌苷酸、肌内脂肪等；营养品质指标包括水分、蛋白质和氨基酸、脂肪和脂肪酸、胆固醇、维生素和矿物质。

——消费者和专家对猪肉品质指标的关注度调研。为了解消费者对猪肉品质指标的关注情况及肉品领域专家对猪肉重要品质指标的评估情况，本课题设计了两份关于猪肉品质指标的调查问卷，第一份是主要面向猪肉消费者，第二份是主要面向肉品行业专家进行问卷评价。统计 1 265 份消费者问卷和 17 份专家问卷，筛选出其中重要程度/关注程度＞5 分的指标，作为猪肉品质评价的关键指标。最终选取普遍关注度高且重要性高的指标：红度值、剪切力、肌内脂肪、蒸煮损失和不饱和脂肪酸。

——绿色食品猪肉品质指标标准值设定。绿色猪肉品质指标的标准值设定要体现出高品质的特征，同时需满足市售猪肉 60％ 的达标率。对市场上 64 种品牌猪肉（包括白猪肉品牌 26 个、黑猪肉品牌 38 个）的红度值、剪切力、肌内脂肪、蒸煮损失和不饱和脂肪酸等品质指标进行测定，初选并确定了绿色猪肉品质指标的最适标准值。

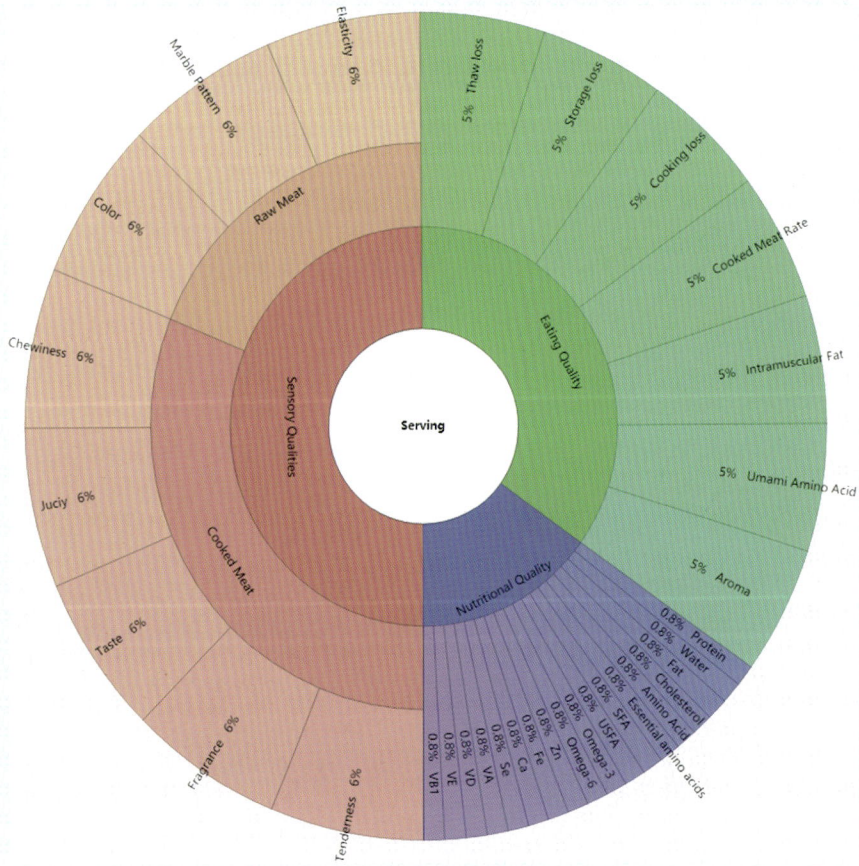

猪肉品质指标结构图

2. 绿色食品粮食仓储绿色防控技术课题研究　为加强粮食绿色仓储技术集成应用，中国绿色食品发展中心委托国家粮食和物资储备局科学研究院开展粮食仓储绿色防控技术研究。研究梳理总结了我国当前主要绿色仓储防控技术集成应用现状与模式，结合不同储粮生态区域特点及储粮问题，分别提出了北方地区、江浙地区、四川及湖北等地区、广西地区、广东及福建地区为代表的5种以害虫综合防控和控温保质储粮两大集成技术为核心的主要储粮生态区域典型绿色仓储技术集成应用方案；提出了3种针对不同地区的农民专业合作社、大农户等绿色储粮技术应用方案，为推动节粮减损、实现绿色优储奠定了技术基础。

3. 绿色食品生产加工废弃物资源化利用模式课题研究　为加强绿色食品生产加工废弃物资源化利用，中国绿色食品发展中心委托中国农业科学院农业资源与农业区划研究所和北京昊颖环境科技发展中心开展绿色食品生产加工废弃物资源化利用模式研究工作。研究系统梳理了蔬菜废弃物主要资源化利用方式，并针对蔬菜废弃物不同特性，提炼出叶菜类、瓜果类、根茎类 3 类蔬菜废弃物处置和资源化利用模式，为绿色食品生产加工废弃物资源化利用技术应用与推广提供了指导。

（二）突出特色，不断完善绿色食品技术支撑体系

1. 绿色食品标准研制　2022 年，中国绿色食品发展中心组织修订绿色食品标准22 项，包括《绿色食品　食品添加剂使用准则》《绿色食品　饲料及饲料添加剂使用准则》2 项准则类标准和《绿色食品　温带水果》《绿色食品　脱水蔬菜》《绿色食品　果蔬汁饮料》等 20 项产品标准。结合苹果、茶叶等绿色食品独特品质课题研究结论，在《绿色食品　温带水果》和《绿色食品　茶叶》等标准中增加了相关品质指标，进一步提升了绿色食品标准的品质要求。

截至目前，现行有效绿色食品标准 143 项，其中准则类标准 14 项、产品标准 129 项。依据最新标准，调整并发布了 2022 版《绿色食品产品适用标准目录》。

2. 区域性绿色食品生产操作规程研制　2022 年，中国绿色食品发展中心组织河北、河南、福建、广西、湖北、湖南、四川、贵州、云南、甘肃、新疆 11 家省级绿色食品工作机构和中国农业科学院蔬菜花卉研究所、中国水产科学研究院东海水产研究所等 10 家科研单位编制了茭白、板栗、核桃、山药、小龙虾等 14 种地方特色农产品的 32 项区域性绿色食品生产操作规程，有效解决了地方特色产品缺少绿色食品规程的问题。

截至 2022 年底，中国绿色食品发展中心已发布实施 275 项绿色食品生产操作规程，涉及大田作物、蔬菜、水果、茶叶、水产、肉蛋、粮油等 70 多个品种，覆盖90% 绿色食品产品，出版《绿色食品生产操作规程》5 本，为指导绿色食品基地、企业和生产者开展标准化生产提供了重要技术指导。

《绿色食品生产操作规程》

地方典型

河北省坚持结合规程编制工作推进全产业链标准化生产

河北省紧紧围绕农业农村部提出的"保底线、拉高线"要求，结合绿色食品生产操作规程编制工作，大力推进标准化生产。

一是狠抓标准宣贯，夯实"保底线"的基础。以绿色食品认证为抓手，"以点带面"促进全省农产品质量安全水平提升。发挥"绿色食品"质量公共品牌的示范性和带动性，坚持绿色化、优质化、特色化、品牌化。通过认证途径，把绿色食品标准要求贯彻落实到生产一线，结合"治违禁、控药残、促提升"专项行动，组织蔬菜重点产品生产企业进行集中培训学习，宣讲绿色食品标准制度，讲解绿色防控的实用技术，受到普遍欢迎。

二是严格追溯挂钩要求，强化企业可追溯体系建设。在农业农村部追溯"四挂钩"基础上，省里提出农产品质量安全追溯"六挂钩"要求。绿色食品审查工作从严执行农产品质量安全追溯前置条件，指导申报主体建立健全产品追溯体系，强化国家农产品质量安全追溯平台的应用。

三是狠抓典型示范，打造"拉高线"的样板。

——典型示范推广，提升标准化生产水平。安排财政资金50万元，围绕苹果、梨、设施蔬菜等特色农产品，遴选企业试点，集成绿色有机标准化生产技术，以点带面，提高绿色有机标准化生产覆盖率。

——打造全产业链标准化生产样板。每年安排财政资金400余万元，支持省级绿色优质农产品全产业链标准化生产基地建设。建立健全绿色优质农产品标准体系，突出全程质量控制和特征品质，强化生产档案记录和质量追溯管理，打造一批绿色优质农产品全产业链标准化生产基地，培育一批质量过得硬、品牌叫得响、带动能力强的绿色优质农产品精品。

四是科学编制规程，提升产业高质量发展水平。2022年，河北省首次承担中国绿色食品发展中心下达的区域性绿色食品生产操作规程的编制任务。河北省抓住契机，借助规程编制工作，强化成果运用，促进产业高质量发展。

河北省绿色有机标准化生产园

——高度重视，强化组织保障和责任落实。针对绿色食品山楂、核桃、板栗3个生产操作规程的编制要求，制订了具体实施方案，成立了规程编制小组，负责编制工作的组织领导和跟踪管理工作。坚持产学研结合，由兴隆县山楂产业技术研究院牵头，联合河北农业大学、河北科技师范学院、河北省农林科学院等科研院所，以及绿色食品管理机构、农业技术推广部门、广大生产主体等多方力量，合力推进。

——广泛调研，确保规程科学性、实用性、可操作性。到主要产区进行实地调研。走访规模种植大户和绿色食品生产主体，将技术专家的研究成果与绿色食品生产实际相印证，了解一线的生产经验和鲜活做法，吸纳充实到规程中。同时，向北京、天津、山东等兄弟省份发函调表，将收集到的建设性意见建议，吸纳充实到规程中，确保规程的代表性。

——强化成果运用，用规程规范指导企业提高生产管理水平。结合日常申报材料审查工作，每年指导企业修订完善生产技术操作规程均在300项以上，确保企业按标生产、规范管理。将中国绿色食品发展中心编制发布的技术规程进行整理，遴选适用于河北的技术规程编成《绿色食品标准、生产技术操作规程汇编》，印发各级绿色食品管理机构和广大生产企业，扎实推进标准规程进企入户工作。

（三）开拓创新，启动绿色生产技术研究集成与推广应用

中国绿色食品发展中心依托科研机构在河北、江苏、山东、河南和云南建立了5家首批"全国绿色食品科技成果转化试验站"，开展绿色防控、施肥技术的集成创新、推广运用、培训宣传等工作，探索绿色食品科技成果转化的新模式，提升绿色食品生产的科技水平。相关单位在绿色防控技术集成创新、宣传示范、应用推广等方面取得成效。如云南省农业科学院研究的"设施大棚外围覆黑膜＋棚内智能喷药机器人"技术集成创新应用、"耕深翻＋有机肥"技术集成创新应用；曲周试验站的小麦-玉米微灌及水肥药一体化技术；江苏试验站建立的科技成果知识库，为绿色食品产业发展提供了可复制、可推广、接地气的经验和模式。

（四）开展绿色防控技术集成创新研究

为着力解决绿色食品生产中病虫害防控和农残超标、减肥增效等技术难点问题，中国绿色食品发展中心启动首批绿色食品绿色防控技术集成创新研究，依托全国绿色

食品科技成果转化试验站和中国农业科学院等6家单位，结合7部委"治违禁　控药残　促提升"三年行动、中国绿色食品发展中心抽检和风险预警情况及审查监管工作反映风险较多的产品，在韭菜、芹菜等11种产品上开展绿色防控技术集成创新研究和推广应用，研制了11项绿色食品绿色防控技术指南。承担单位统筹考虑全国病虫害发生规律，全面梳理相关产品的病虫害发生情况，广泛吸收国内先进实用的绿色防控技术，充分融入绿色食品理念，按照绿色食品标准，研制了绿色环保、防控高效、先进好用的绿色食品绿色防控技术，切实加强了对绿色食品生产企业、基地和农户的服务。

科研典型

绿色食品绿色防控技术研究案例示范
——江苏省农业科学院农产品质量安全与营养研究所
全国绿色食品科技成果转化试验站（江苏）

为切实加强对绿色食品生产企业、原料基地和农户的服务，帮助解决绿色食品生产中病虫害防控难点和农残超标堵点问题，全国绿色食品科技成果转化试验站（江苏）以草莓和茶叶为研究对象，开展绿色防控技术集成创新和推广应用，并构建绿色防控技术的标准化及智能化应用体系，为绿色食品安全高效生产提供有力保障。

一是绿色防控技术集成创新。课题通过资料调研和田间实践，包括查阅草莓、茶叶生产及病虫害防治方面的现行标准（草莓相关标准43项、茶叶相关标准34项）及文献（近6年中文核心期刊草莓相关文献144篇、茶叶相关文献125篇）、主产区走访（10余家草莓生产基地、10余家茶叶生产基地）、田间试验与验证等，全面梳理草莓、茶叶病虫害发生情况，集成各地先进的绿色防控技术，以绿色环保、防控高效、操作简单为目标，编制形成绿色防控技术指南的征求意见稿，在草莓、茶叶主产区及现代农业产业技术体系中广泛征求生产、科研、推广、质量安全等相关部门专家的意见（草莓共征集10位专家41条意见、茶叶共征集12位专家71条意见），修改完善后形成绿色食品草莓、茶叶的绿色防控技术指南。

二是绿色防控技术推广应用。在绿色防控技术的落地层面，课题根据绿色防控技术指南绘制了更直观、更通俗、更易操作的挂图。此标准化挂图不仅更符合农业生产主体的使用习惯，还可根据绿色食品种类进行快速复制调整，具有高效简便、易操作、易复制等特点，可更快更好地推动绿色防控技术落地生根。同时，课题将绿色防控技术和信息化结合起来，开展绿色防控知识库构建与智能化服务。目前已构建"绿色农药库"和"绿色防控技术库"两个模块，并开发了对应的手机小程序。"绿色农药库"可对特定对象绿色生产中允许使用的农药进行查询，并可按农药类别、防治对象等导出相应的农药清单；"绿色防控技术库"实现了特定对象的绿色防控技术查询，满足用户"随时随地""随查随用"的应用需求。

绿色食品草莓绿色防控技术指南

（五）示范带动，开展绿色食品规程"进企入户"行动

2022年，中国绿色食品发展中心继续组织开展绿色食品规程"进企入户"行动。各级工作机构积极制订工作方案，22个省级工作机构下发了专门的2022年"进企入户"行动通知或在重要文件里强调了"进企入户"工作。各地根据实际情况，将中国绿色食品发展中心制定的规程进一步转化和细化，今年共细化、转化了166个适合本地情况的绿色食品生产操作规程。同时，将规程进一步转化为简单、易懂的绿色生产明白纸、挂图、挂板等资料，累计发放24万张。

各级工作机构将"进企入户"与绿色食品标志许可审核和监管、原料标准化生产基地工作、地标工程等重点工作有机结合，指导企业和农户进行标准化生产，大力推动规程"进企入户"，各地累计印制发放规程、标准及手册262万册。通过多种渠道宣贯绿色食品标准规程，累计组织相关培训9 000多次，培训人数达237万人。

多个省级工作机构与科研院所合作开展科技成果转化，就品种引进、种植技术、绿色防控等进行转化和推广。累计设立了75个全产业链标准化生产样板、示范点，总结规律，以点带面，推动了当地"进企入户"工作不断深入。

（六）发展绿色食品生产资料

2022年，中国绿色食品协会统筹疫情防控和绿色食品生产资料发展，创新工作思路，优化审核程序，精准对点服务，确保绿色食品生产资料工作高效稳步发展。

1. 提升服务水平，确保绿色食品生产资料许可工作稳步发展 2022年，面对新冠病毒感染疫情带来的严峻形势，协会主动创新工作模式，采取"线上办公＋线下轮岗"方式，与申报企业、各地工作机构、评审专家保持紧密联系，积极关注和引导行业内"领头羊"企业申报绿色食品生产资料，安排专人负责"点对点"对接联系，主动掌握企业诉求，提升服务水平。截至2022年底，有效使用绿色食品生产资料标志企业213家、产品834个，分别比2021年增长了8.1%和13.8%。其中，肥料企业109家、产品246个，农药企业51家、产品254个，饲料及饲料添加剂企业41家、产品312个，兽药企业1家、产品6个，食品添加剂企业11家、产品16个。

2. 创新工作思路，推动绿色食品生产资料线上培训有序开展 为促进绿色食品生

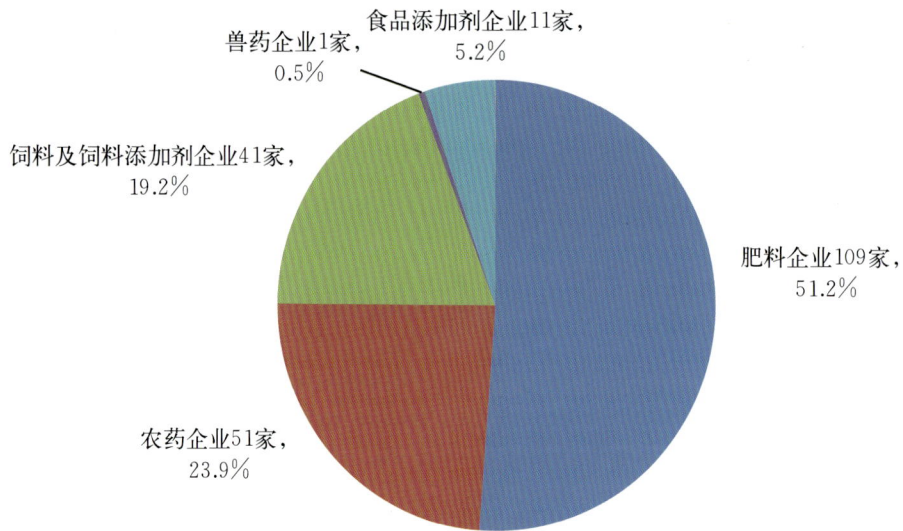

2022 年全国绿色食品生产资料获证企业类别

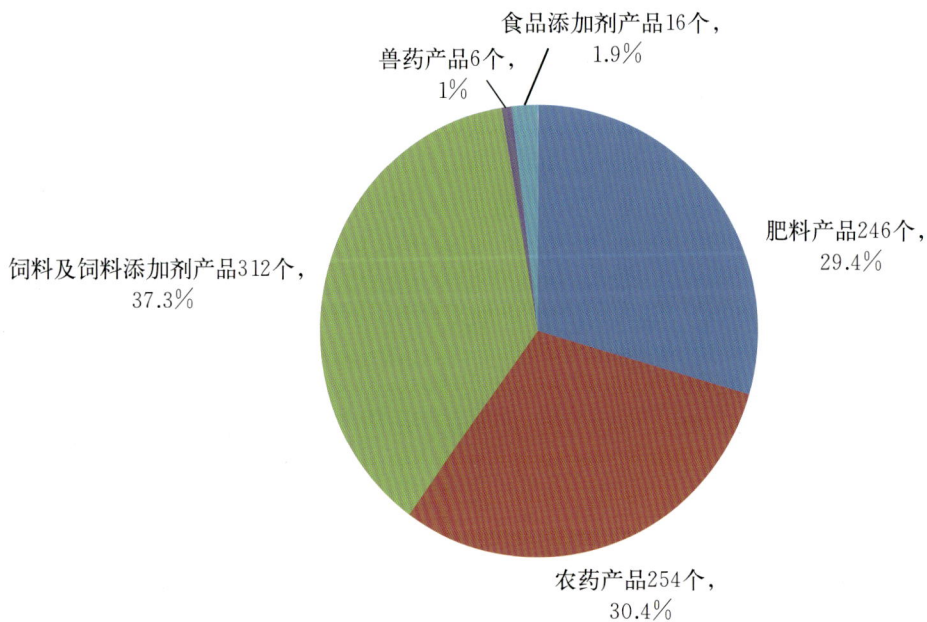

2022 年全国绿色食品生产资料获证产品类别

产资料标志许可工作的有序规范开展，提升绿色食品生产资料管理员专业能力与工作水平，培训吸收一批新的绿色食品生产资料管理员，2022 年 11 月 28—29 日，协会组织举办了全国绿色食品生产资料管理员线上培训班。培训班共有 33 个省级绿色食品工作机构、441 个地市县级绿色食品工作机构 1 007 人、93 名企业代表在线参加了培训，893 人参加了线上考试。《农资导报》以"农业绿色发展带来肥料新机遇"为题，专题报道了 2022 年 11 月底协会举办的全国绿色食品生产资料管理员线上培训班的情况，很好地宣传、推广了绿色食品生产资料品牌。

3. 加强宣传力度，扩大绿色食品生产资料品牌影响力和知名度

一是不断拓展宣传深度。2022年12月5日，在第九个世界土壤日，《农资导报》携手多家权威部门和头部企业线上举办了以"守护土壤健康助力农业强国"为主题的世界土壤日主题活动，协会领导应邀出席活动，并做了"土壤健康与绿色农业"主题报告。总结了"十三五"以来农业绿色发展取得的成效，解读了《"十四五"全国农业绿色发展规划》总体目标、实现路径和发展指标，介绍了绿色食品发展概况及绿色食品生产对土壤质量的标准要求，重点阐述了绿色食品生产资料在绿色食品生产、农业绿色发展中的重要意义和作用。据统计，农资企业、经销商、新农人、种植大户及科研工作者等线上参会人数达到7.35万人次，视频号达2.2万人次，有效地扩大了宣贯广度，拓展了宣传深度。

二是持续扩大许可范围。截至2022年，绿色食品生产资料标志已累计在第1、5、16、30、31类商品上成功注册了7件证明商标，美国、德国、瑞士、智利等国家的11家全球知名企业50个产品获得绿色食品生产资料标志使用权，有效提升了绿色食品生产资料品牌影响力和知名度，为绿色食品生产和农业绿色发展提供了安全、优质的农业生产资料。

三是拓宽市场流通渠道。为积极推动绿色食品生产资料与绿色食品事业协同发展，解决绿色食品生产资料在绿色食品标准化生产中应用难、在传统农资营销渠道中推广难、绿色食品生产资料供需信息不对称等问题，协会指导食品生产资料专委会完成首批食品生产资料示范店授牌工作。根据《绿色食品生产资料示范店建设标准》及相关管理制度要求，协会绿色食品生产资料专委会向拜耳作物科学（中国）有限公司、先正达（中国）投资有限公司、陕西果业集团等4家企业颁发了"绿色食品生产资料推广应用示范单位"牌匾，并向陕西鼎天济农腐殖酸制品有限公司、新疆鑫玉磊生态农业科技有限公司、西安保丰农农作物保护有限公司等25家农资销售门店授予"绿色食品生产资料推广应用示范店"称号。

（七）加强信息化建设

2022 年，中国绿色食品发展中心坚持服务事业高质量发展和支撑业务工作高效运转，稳步推进信息化建设，切实加强网络安全管理，不断提升门户网站运行质量。

1. 积极跟进农业农村部信息化专项工作 根据农业农村部信息化专项工作的统一部署和要求，继续配合开展国家绿色有机地标农产品管理服务平台的整合构建工作，先后完成了账号信息整理、系统试运行和用户培训，以及网络安全等保定级、共享数据资源梳理等工作。在此基础上，中国绿色食品发展中心适应绿色优质农产品高质量创新发展的形势任务，以全面提升信息化水平为目标，启动了国家绿色有机地标农产品管理服务平台扩展升级项目筹备工作。

2. 有效保障金农绿色食品业务信息系统稳定运行 为进一步规范金农工程绿色食品信息系统运维工作，确保各项运维任务高质高效开展，中国绿色食品发展中心制定了《系统运维工作程序》，用于受理、管控用户提出的运维需求。2022 年，运维团队及时响应、处理系统用户遇到的各类问题，共处理系统运维事件 2 570 件；同时，加强系统运行监测，对系统异常情况持续跟进应对，保障业务信息系统安全稳定运行。

3. 继续开展绿色食品企业短信推送服务 基于现有绿色食品业务信息系统数据，利用农业农村部 12316 "三农" 信息服务平台，继续向广大绿色食品申报主体及时推送受理、审查、签约、缴费、颁证等 8 个环节的短信，方便申报主体了解绿色食品标志许可业务工作进展。2022 年，共向绿色食品申报主体发送短信 45 297 条，平均每个获证单位 5 条。

4. 不断提升中国绿色食品发展中心门户网站运行水平 中国绿色食品发展中心对在网站发布的新闻、图片严格把关，确保对外发布的信息及时准确。2022 年，通过中国绿色食品发展中心门户网站发布各类信息共计 360 条。结合绿色有机地标农产品事业高质量创新发展的新要求，在农业农村部信息中心的大力支持下，中国绿色食品发展中心启动了网站全面升级改版工作。2022 年，中国绿色食品发展中心网站访问量为 212 万人次，总页面浏览量为 3 788 万次，总点击数为 6 873 万次。按照网站访问量统计，中国绿色食品发展中心网站在农业农村部直属单位网站群排名第五。

中国绿色食品发展中心网站地址：

http：//www.greenfood.org

http：//www.greenfood.org.cn

http：//www.greenfood.agri.cn

六、体系队伍

绿色食品体系队伍主要由四部分组成：一是绿色食品工作机构；二是绿色食品定点检测机构；三是绿色食品检查员、监管员和企业内检员队伍；四是绿色食品专家团队。

（一）工作机构

截至 2022 年，全国已建立省级绿色食品工作机构 36 个，地（市）级绿色食品工作机构 343 个，县（市）级绿色食品工作机构 2 309 个；全国县（市）及以上机构共有专职工作人员 3 230 人，兼职人员 4 181 人。

2022 年全国绿色食品工作体系与队伍

机构及人员	单 位	数 量
省级机构	个	36
人员	人	648
专职人员	人	464
兼职人员	人	184
地（市）级机构	个	343
人员	人	1 645
专职机构	个	176
人员	人	1 122
专职人员	人	632
兼职人员	人	490
挂靠机构	个	167
人员	人	523
专职人员	人	141
兼职人员	人	382
市（县）级机构	个	2 309
人员	人	5 457
专职机构	个	683
人员	人	2 050
专职人员	人	1 212
兼职人员	人	838
挂靠机构	个	1 626
人员	人	3 407
专职人员	人	738
兼职人员	人	2 669

（二）定点检测机构

绿色食品定点检测机构为绿色食品产地环境检测和产品检测提供重要的工作保障，同时也为相关标准制定、课题研究以及风险预警等工作提供技术支撑。截至 2022

年底，全国共有绿色食品定点检测机构 97 家。为保障绿色食品事业高质量创新发展，中国绿色食品发展中心采取多种措施，不断加强对定点检测机构的监督和管理。

一是检查定点检测机构的业务能力和水平。中国绿色食品发展中心通过能力验证、飞行检查等多种方式，着力提升定点检测机构的能力水平。组织 2022 年绿色食品产品定点检测机构参加农药残留检测技术能力验证。本年度能力验证考核参数覆盖全面，涉及农产品中重金属检测、土壤中重金属检测、农产品中农药残留检测、畜禽产品（包括蜂产品）中兽药和违禁添加物检测，以及水产品中药物残留检测 5 个领域。92 家参加考核单位中有 87 家合格，总体合格率为 94.6%。

绿色食品定点检测机构业务人员环境采样

二是印发检测机构高质量发展意见。为贯彻落实农业农村部农产品"三品一标"四大行动，进一步加强检测机构队伍建设，优化布局布点，提高能力水平，推动事业高质量发展，中国绿色食品发展中心印发了《关于进一步加强绿色食品定点检测机构管理的意见》，要求定点检测机构数量应与当地绿色食品发展水平相匹配，在原管理办法基础上提高了实验室软硬件等基本准入条件，进一步明确和规范了考核程序，强化了监督管理和退出机制。

三是加强定点检测机构体系队伍建设。中国绿色食品发展中心先后组织专家组对河南、安徽、江苏等省的 4 家单位进行了定点检测机构现场考核，考核结果合格，已批准成为绿色食品定点检测机构。

（三）"三员"队伍

绿色食品检查员、监管员和企业内检员（"三员"）是推动事业发展的重要人才资源。截至 2022 年底，全系统有效检查员 4 172 人、监管员 5 446 人，企业内检员 35 244 人。

"三员"队伍能力提升是事业发展最重要的基础工作。2022 年，中国绿色食品发展中心在绿色食品工作人员业务技能提升方面着重做好了以下几项工作：

1. 举办绿色食品业务培训班　2022 年，在中国绿色食品发展中心的统筹协调下，全系统共举办绿色食品检查员、监管员线下培训班 23 期，累计培训学员 3 000 多人次；根据业务需求，中国绿色食品发展中心还举办了农药相关标准线上培训班，累计参加培训人员 6 000 多人次；组织召开线上绿色食品检查员现场检查技能提高培训班，

线上绿色食品检查员现场检查技能提高培训班

36 个绿色食品工作机构、90 多个检测机构和 100 多位绿色食品评审专家近 4 000 余人参加学习。

2. 编辑出版《绿色食品工作指南 2022 版》 为保持培训教材的权威性、适用性和连续性，中国绿色食品发展中心继续更新出版《绿色食品工作指南 2022 版》，作为全系统工作机构的工具书以及培训班指定教材发放使用。

3. 开展检查员、监管员绩效考评 为进一步强化检查员、监管员体系队伍建设，发挥先进模范带头作用，按照《绿色食品检查员工作绩效考评实施办法》《绿色食品标志监督管理员工作绩效考评实施办法》，经省级绿色食品工作机构推荐、中国绿色食品发展中心复核和综合评定，评选出 2022 年度优秀检查员 401 名、优秀监管员 375 名。中国绿色食品发展中心对优秀检查员、监管员予以通报表扬，号召全系统工作人员向他们学习。

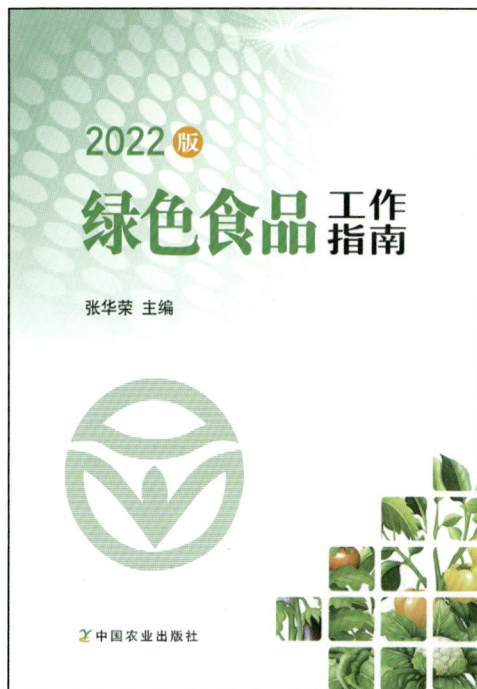

《绿色食品工作指南 2022 版》

福建绿色食品审核管理平台

4. 推进信息化和系统建设，强化内检员管理　中国绿色食品发展中心积极支持"福建绿色食品审核管理平台"运行，与福建软件公司对接做好日常内检员培训管理系统维护（在线答疑、管理人员更新等）和再注册功能设计优化，确保内检员及时了解掌握绿色食品最新要求。

（四）专家团队

绿色食品专家团队是绿色食品事业发展技术支撑的重要组成部分。多年以来，中国绿色食品发展中心组建了一支高效精干的专家队伍。根据事业发展和业务需要，不断完善专家结构、补充专家资源。目前，参与绿色有机和地标工作的专家累计超过400余人。这些专家主要来自科研单位、检测机构、大专院校以及相关行政管理部门等业务领域，主要参与绿色食品理论研究、标准制修订、标志许可审核以及日常业务咨询等工作，为促进绿色食品事业高质量创新发展作出了重大贡献。

重点工作

中国绿色食品发展中心举行绿色食品评审专家聘书颁发仪式

2022年11月4日，中国绿色食品发展中心举行绿色食品评审专家聘书颁发仪式，15位绿色食品评审专家代表受邀出席。张华荣主任为专家代表颁发聘书，代表中心感谢各位专家多年来对绿色食品事业的鼎力支持和辛勤付出，并强调绿色食品评审专家是绿色食品工作队伍体系的重要组成部分，为绿色食品申报材料审查把好了关键的一关，为绿色食品高质量发展提供了重要的技术支撑保障。中心将继续加强与专家的联系合作，充分发挥专家们的作用，不仅在绿色食品专业技术审查把关方面给予支持，还要在绿色食品理论研究、标准体系建设、专业技术培训和生产技术推广应用等方面发挥更大作用。

2022年，中国绿色食品发展中心组织召开了11期线下和4期线上专家评审会，累计邀请专家151人次。根据《绿色食品评审专家库管理办法》相关规定，中国绿色食品发展中心定期更新专家库。目前，绿色食品评审专家库有177名专家、学者，专业覆盖种植、畜禽、水产、加工、食用菌、蜂产品、农业生态环境、绿色防控技术、农产品质量安全。

七、品牌宣传

2022 年，中国绿色食品发展中心继续组织全国范围的绿色食品宣传月活动，保持并推进与部属媒体和单位的长期合作，积极利用新媒体开展品牌宣传工作。

"春风万里　绿食有你"2022 年绿色食品宣传月启动仪式在线上举行

（一）全国绿色食品宣传月

6 月 23 日，"2022 年绿色食品宣传月启动仪式"在线上举行。本次活动得到京东物流、新浪微博等平台的大力支持，多位千万、百万粉丝的大 V 组成矩阵，打造亿级绿色声量，通过直播带货、现场展示、知识宣传普及等方式，广泛宣传绿色发展理念。共有 28 个省（自治区、直辖市）举办了 606 场活动，邀请经销商 539 家，产销对接意向金额 3.1 亿元，涉及 121 个脱贫地区的 687 家企业，相关宣传报道 1 245 篇。

绿色食品宣传月活动在全国范围进行绿色食品公益宣传和集中推介，自 2018 年起已连续 5 年组织开展，累计举办近 1 500 场次。宣传月期间，全国各省份通过线上线下等多种形式集中发力，以统一形式、统一形象、统一口号的方式，结合本地区的特色、亮点、优势，让绿色食品进校园、进社区、进超市，邀请媒体记者进企业、进基地、进市场，挖掘"从土地到餐桌"的全程质量控制体系生产的典型案例，讲好品牌故事。以点带面宣传绿色食品理念，倡导绿色生活方式，促进绿色优质农产品产销对接。据不完全统计，五年来，全国各地宣传月活动线上线下参与观众逾 940 万人次，产销对接意向签约累计约 29.1 亿元，相关宣传报道超过 4 000 篇。活动举办声势大、影响广、有创新、有效果，共同营造了社会关注绿色食品的良好氛围，显著提升了绿色食品品牌影响力。

地方典型 ❶

四 川

6 月 29 日，由中共四川省委网信办、省政府农业农村厅等单位联合主办的中国·四川第三届"川字号"金字招牌农产品网络推广直播暨绿色食品宣传月活动在成都市正式启动。活动将绿色食品宣传和互联网平台深入融合，并首次引入抖音直播和网红带货方式，通过"线上线下"有机结合，联合宣传推介绿色食品。四川省旌晶食品有限公司等绿色食品企业通过抖音带货，宣传绿色食品品牌，促进绿色食品产品销量，旌晶食品每年直播带货近 400 万元。四川经济网、新浪网、今日头条等新闻媒体参与了这次宣传月活动的报道，形成了较大的媒体宣传声势。宣传月活动现场设立脱贫地区产品推介专区，新龙县特色农产品、越西绿源生态农业投资开发有限责任公司、凉山绿野山葵有限公司等企业通过现场推介、产品品鉴等方式开展宣传，受到参会人员的一致好评，切实扩大脱贫地区优质特色农产品的知名度和影响力，带动脱贫地区农产品品牌发展。四川省委网信办、四川省乡村振兴局、四川省林业和草原局、四川省供销合作社联合社、四川广播电视台和成都市成华区相关领导，各市（州）农业农村部门负责人、"川字号"优质绿色食品企业代表、网红达人和媒体代表等 200 余人参加了本次活动。通过宣传月活动，进一步树立绿色食品这一政府主导的安全优质农产品公共品牌形象，增强消费者对绿色食品的了解和对绿色食品品牌的关注，提高了全社会对绿色食品的认知度。

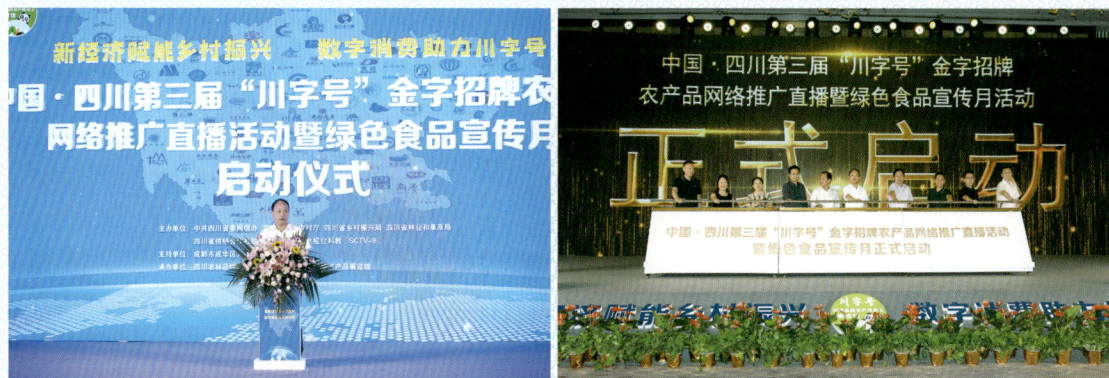

四川省绿色食品宣传月活动在成都启动

地方典型❷

福　建

为深入实施乡村振兴战略，进一步强化质量兴农、绿色兴农、品牌强农理念，提升福建省绿色食品品牌公信力和影响力，擦亮"福"字号优质绿色食品名片，6月16—17日，"春风万里　绿食有你"——2022年全国绿色食品宣传月（福州站）活动在福州三坊七巷、福州市老年大学成功举办。

启动仪式

茶艺表演

本次活动采取线上线下相结合的方式，包括现场直播、科普宣传、产品展示推介、知名主持人带货等活动，宣传绿色食品理念和内涵、标志形象和科普知识，增进消费者对绿色食品标志的了解和对绿色食品品牌的关注。活动现场为 2021 年度福建省十大区域公用品牌、2022 年绿色食品获证企业分别颁发奖牌和证书，通过现场展示展销、线上直播带货等方式，在海博 TV、直播福建等媒体平台全程同步直播，线上全网观看量超 151.46 万，观众点赞、转发、社群互动量超 3.3 万。

6 月 17 日，2022 年全国绿色食品宣传月（福州站）绿色食品进校园活动在福州市老年大学隆重举办。本次活动旨在培树老年群体的绿色消费意识和绿色消费习惯，依托老年群体大力传播"绿色生产、绿色消费、绿色发展"理念，激发市场活力，增强发展动能，推进品牌宣传工作常态化，进一步提升"福"字号绿色食品品牌知名度和影响力。

活动现场，福建仙芝楼生物科技有限公司、福建容益菌业科技研发有限公司、福州大世界橄榄有限公司、闽榕茶业有限公司、福建东来茶业有限公司 5 家绿色食品代表企业通过视频播放、专题演讲、茶艺表演、互动问答、绿色食品品鉴等方式广泛宣传绿色食品的理念和内涵。

"有深入浅出的专题讲座，有传承国粹的茶艺表演，对绿色理念解读详尽透彻，对绿色内涵诠释丝丝入扣。"在场的老年人纷纷表示，通过本次活动，不仅了解了福建省品牌农业和绿色食品产业的发展成果，而且学会了购买识别、法律法规、标准规范、品牌标志等绿色食品相关知识。今后选购食用农产品时也将更加关注绿色食品，追求更高品质的生活。

（二）部属媒体合作

中国绿色食品发展中心与农民日报社、中国农村杂志社、农产品质量与安全杂志社、农业农村部农产品质量安全中心等部属媒体与单位持续开展合作，以开设专版、专栏、专题等方式，系统、持久地做好绿色食品品牌宣传工作。2022 年共发布"两品一标"相关报道 100 余篇。其中，《农民日报》发表的头版头条文章《生态大省的"输出"答卷——青海省打造绿色有机农畜产品输出地一年间》、头版文章《新征程　再出发——绿色食品产业"十四五"发展规划综述》、一版评论员文章《地标农产品，如何促共富？》，中国农村杂志社发表的《绿色食品产业"十四五"发展规划纲要》及《农产品质量与安全》杂志发表的《2021年我国农产品质量安全工作进展及2022年重点任务》、彩版报道的《2022年绿色食品有机农产品和农产品地理标志工作座谈会在北京市召开》《我国绿色食品、有机农产品和农产品地理标志工作成效与思考》等文章受到广泛关注，向社会公众宣传"两品一标"事业发展成效。

《农民日报》刊登头版头条文章
《生态大省的"输出"答卷——青海省打造绿色有机农畜产品输出地一年间》

2022年1月26日，央视《新闻联播》播出了我国主要农产品合格率达97.6%的联播快讯。内容如下：

农业农村部今天（1月26日）发布，2021年，我国实施农业品种培优、品质提升、品牌打造和标准化生产提升行动，农产品质量安全监测总体合格率97.6%，新认证绿色、有机、地理标志农产品 2.6 万个，实施地理标志农产品保护工程，实现产值 1 658 亿元。

《农产品质量与安全》杂志彩版报道

央视《新闻联播》报道

（三）新媒体宣传

"中国绿色食品"和"绿色食品博览"微信公众号立足权威性特点，关注绿色食品行业发展，发布绿色优质农产品重点工作，稳步提升平台影响力。通过撰写科普文章、编辑绿色食品专题图文、推介优质绿色食品产品、组织线上互动答题等灵活多样的方式，持续宣传绿色理念、标准规范、产品质量、品牌标志等内容，取得了良好的宣传效果。2022年，两个微信公众号共计发送图文信息220篇，总阅读数为105 167人。

"绿色生产你最美"绿色企业点赞活动

2022年平台举办的"春风万里　绿食有你"绿色食品宣传月有奖竞答、"绿色生产你最美"绿色企业点赞活动提升了参与者对绿色食品基本的知晓和更广泛的了解，增加了对绿色食品生产企业的赞赏，并取得了良好的活动效果，活动热度带动中国绿色食品、绿色食品博览两个平台影响力的提升。其中，"春风万里　绿食有你"绿色食品宣传月主题活动总答题人数为 25 133 人，总答题人次为 87 706 次；"绿色生产你最美"绿色企业点赞活动总参与人数为 49 083 人，总互动人次为 1 474 983 次，总点赞量为 212 015。两个主题活动热度高，取得了良好的宣传效果，促进了大众对于绿色食品企业的了解。

地方典型

绿色有机地标精品，引领美好健康生活
——"湖南省绿色食品进地铁"主题活动正式启动

9月20日，由湖南省绿色食品办公室指导，省绿色食品协会联合湖南天闻地铁传媒有限公司举办的"湖南省绿色食品进地铁"主题宣传活动正式启动。省绿色食品办公室主任谭小平出席活动并讲话，有关市（县、区）绿色食品办公室主任、参与企业代表、新闻媒体等相关人员参加。

"湖南省绿色食品进地铁"启动仪式现场

本次活动主题为"绿色有机地标精品，引领美好健康生活"，主要是发挥网红长沙地铁的窗口效应，扩大湖南省绿色有机地标农产品宣传和社会影响力，让更多优质安全的绿色有机地标农产品走进广大市民的生活。活动现场，参与单位进行了现场产品展示，结合地铁专列及轨道灯箱宣传效应发放宣传资料，突出绿色有机地标农产品理念和内涵、品牌形象和科普知识。本次亮相4号线地铁专列的有金健米

业、桑植白茶、黔阳金秋梨、安化黄精、麻阳冰糖橙、水云峰黄桃、迴峰蜜柑、桃江竹笋、通道黑老虎、十八洞黄金茶、新化红茶、白泥湖螃蟹、白云贡米共 13 个绿色有机地标农产品品牌。

体验绿色食品专列

地铁宣传拉手

"湖南省绿色食品进地铁"宣传活动是继 2022 年"春风万里　绿食有你"绿色食品宣传月启动仪式之后又一大型活动，目的就是要进一步擦亮湖南省特色优质农产品"金字招牌"，进一步提升全省绿色有机地标农产品的认知度、美誉度和信任度，进一步夯实"做优做香湖南饭"优质食材支撑。

绿色有机地标农产品进地铁是绿色食品宣传月活动的一个亮点，也是一个新的契机。此次活动，旨在加大绿色有机地标农产品宣传力度，培育优质农产品品牌，做大做强绿色有机地标农产品产业，助力乡村振兴。

八、境外交流与合作

（一）海峡两岸交流与合作

2022 年，在农业农村部对台湾农业事务办公室、农产品质量安全监管司的指导和支持下，中国绿色食品发展中心努力克服新冠病毒感染疫情的持续影响，按照《海峡两岸绿色食品、有机食品交流合作备忘录》框架内容，继续保持与台湾生态农业暨绿色食品基金会开展交流与合作工作。2022 年，中国绿色食品发展中心对接台湾生态农业暨绿色食品基金会，完成 26 名绿色食品企业内检员注册并发放证书；向台湾 2 家企业的 4 个产品颁发了绿色食品证书，获证企业和产品分别是：台湾爱之味股份有限公司生产的焙煎玄米茶、优质燕麦饮料，青田农产有限公司生产的胚芽米、白米。台湾地区企业首次成功获得绿色食品证书，走出了一条两岸合作推进绿色食品工作的新途径，具有里程碑意义。

经过几年的努力，针对台湾地区企业申报绿色食品，在技术标准、检验检测、检查审核、标志管理、专业培训等方面已基本形成可操作的业务框架和流程，并建立起顺畅的工作互动机制。中国绿色食品发展中心将继续加强与台湾生态农业暨绿色食品基金会合作，依托绿色食品品牌的知名度和影响力，吸引更多的台湾优秀企业和特色产品申报绿色食品并走进大陆市场，共同促进海峡两岸绿色优质农产品生产与消费。

（二）境外技术交流与合作

2022 年，中国绿色食品发展中心积极组织推进中国与马来西亚之间棕榈油绿色食品与可持续认证合作交流活动，讨论进一步推动中国绿色食品发展中心与马来西亚棕榈油认证委员会（MPOCC）在马来西亚棕榈油认证（MSPO）与绿色食品相关合作事宜。

第三篇

中绿华夏有机农产品

青海省久治县——"5369"果洛牦牛有机生产基地

2022 | 绿色食品发展报告
第三篇　中绿华夏有机农产品

一、产品发展

（一）获证企业与产品

2022年，中绿华夏有机产品认证中心认证有机企业 1 318 家，同比增长 4.03%；产品 4 772 个，同比增长 4.10%；共颁发有机产品证书 1 840 张。

2022 年全国有机产品发展总体情况

指　标	单　位	数　量
获证单位总数	家	1 318
获证产品总数	个	4 772
颁发证书数	张	1 840
新申报企业	家	288
新申报产品	个	707
新颁发证书	张	380
认证面积①	万亩	8 692.23
种植业	万亩	229.253
畜牧业②	万亩	7 952.55
渔业③	万亩	317.87
野生采集	万亩	192.55

注：①认证面积中，种植业、畜牧业、渔业、野生采集认证面积分别含其加工产品面积。② 包括饲料、饲草种植认证面积。③ 包括淡水、海水养殖认证面积。

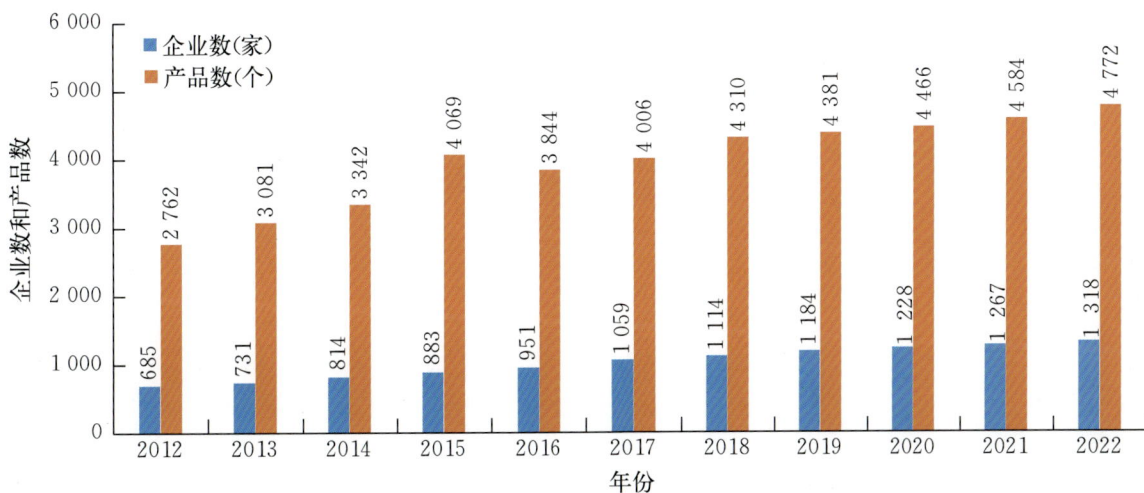

2012—2022 年认证有机产品企业数和产品数

（二）获证产品结构

2022年，在中绿华夏有机产品认证中心认证的产品中，种植业产品2 399个，占50.27%；畜牧业产品120个，占2.52%；水产类产品308个，占6.45%；野生采集产品343个，占7.19%；加工业产品1 602个，占33.57%。

2022年有机产品分类产品发展情况

产　　品	产品数（个）	产量（万吨）	认证面积（万亩）
种植业	2 399	125.1506	227.44
粮食作物	601	80.72	72.82
薯类	36	2.36	4.45
油料作物	120	3.15	29.63
豆类	170	3.28	15.2
棉花	1	0.000 6	0.01
糖料	3	7.59	5.19
蔬菜	112	1.98	8.65
水果和坚果	204	9.36	30.84
茶叶	1 051	2.82	20.61
中草药	79	1.59	10.78
饲料原料	22	12.3	29.26
畜牧业	120	225.56	7 952.47
牲畜	99	225.54	7 952
家禽	11	0.02	0.47
水产类	308	7.77	317.83
野生采集	343	8.23	191.72
加工业	1 602	123.45	2.763
粮食加工	615	6.93	0.07
其他淀粉制品	0	0	0
水果坚果加工	204	6.51	0.69
畜产品加工	240	0.2	0.08
渔业产品加工	68	0.03	0.04
食用油	144	6.3	0.5
制糖	12	1.1	0.08
酒类	62	9.38	0.38

（续）

产　品	产品数（个）	产量（万吨）	认证面积（万亩）
饮料	12	0.21	0.06
饼干及其他焙烤食品制造	11	0.01	0.003
乳品加工	197	92.69	0.83
米、面制品制造	37	0.09	0.03
总　计	4 772	490.1606	8 692.223

2022 年有机产品结构

产品类别	产品数量（个）	比重（%）
种植业	3 496	73.26
畜牧业	557	11.67
渔业	376	7.88
野生采集	343	7.19
合　计	4 772	100

注：种植业、畜牧业、渔业产品分别含其加工产品。

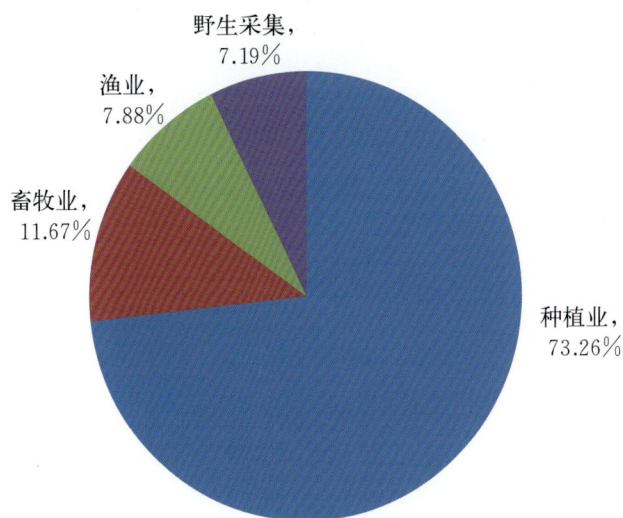

2022 年有机产品结构

（三）区域发展情况

1. 东部地区　2022 年，北京、天津、河北、上海、江苏、浙江、福建、山东、广东、海南 10 个省份有机产品获证企业 355 家，产品 1 157 个，分别占比 26.93%

和 24.25%。

2. 中部地区 2022 年，山西、安徽、江西、河南、湖北、湖南 6 个省份有机产品获证企业 297 家，产品 915 个，分别占比 22.53% 和 19.17%。

3. 西部地区 2022 年，内蒙古、广西、重庆、四川、贵州、云南、西藏、陕西、甘肃、青海、宁夏、新疆 12 个省份有机产品获证企业 416 家，产品 1 332 个，分别占比 31.56% 和 27.91%。

4. 东北地区 2022 年，黑龙江、吉林、辽宁 3 个省份有机产品获证企业 145 家，产品 1 057 个，分别占比 11.00% 和 22.15%。

5. 境外地区 2022 年，境外地区有机产品获证企业 105 家，产品 311 个，分别占比 7.97% 和 6.52%。

其中，2022 年中绿华夏有机产品认证中心认证有机企业最多的 3 个省份是江苏省、黑龙江省和内蒙古自治区；认证有机产品生产面积最大的 3 个省份是青海省、甘肃省和黑龙江省。

2022 年各地区有机产品发展情况

地区	企业数 （个）	产品数 （个）	认证面积 （万亩）
安徽	73	114	14.55
北京	13	39	3.95
福建	46	251	15.28
甘肃	68	248	372.12
广东	29	73	2.60
广西	53	166	28.24
贵州	6	22	6.40
海南	9	17	0.18
河北	52	238	14.29
河南	11	27	0.79
黑龙江	99	851	203.30
湖北	82	228	40.07
湖南	73	332	13.81

（续）

地区	企业数（个）	产品数（个）	认证面积（万亩）
吉林	24	125	53.06
江苏	129	294	21.41
江西	23	113	29.83
辽宁	22	81	33.84
内蒙古	97	294	85.93
宁夏	21	58	2.12
青海	25	189	6 850.913
山东	54	186	12.01
山西	35	101	8.31
陕西	10	20	1.45
上海	13	27	1.47
四川	24	57	198.18
天津	1	2	0.02
西藏	18	47	132.27
新疆	4	16	68.63
云南	17	73	5.01
浙江	9	30	0.36
重庆	73	142	14.98
境外	105	311	456.85
总计	1 318	4 772	8 692.23

（四）乡村振兴推进情况

中绿华夏有机产品认证中心积极响应农业农村部和中国绿色食品发展中心要求，继续落实脱贫地区发展有机农产品优惠政策，为原国家级贫困县、"三区三州"等深度贫困地区、农业农村部定点扶贫县等地区的342家企业减免费用合计246.09万元，其中为160个乡村振兴帮扶重点县的84家企业减免有机认证费用共计56.47万元。特别是按照农业农村部要求和中国绿色食品发展中心党委部署，中绿华夏有机产品认证中心党支部与农业农村部帮扶县湖北恩施州咸丰县的何家沟村党支部开展党建结对帮扶，组成调研组对恩施州何家沟村进行调研，实地了解当地的农业农村农民的基本情况，着力帮助结对帮扶村解决群众急难愁盼问题，访民情、察实情、谋实招，巩固拓展脱贫攻坚成果同乡村振兴有效衔接。

广西壮族自治区龙胜各族自治县龙脊古壮寨有机稻谷基地

二、基地建设

全国有机农产品基地建设工作启动于 2010 年，涉及水稻、茶叶、畜产品、水果、蔬菜等多种类产品，基地建设项目是调动企业积极性和发挥政府部门组织优势，共同推进有机农业"连片抱团"发展的有力措施。截至 2022 年底，全系统累计建成有机农产品基地 102 个。

多年实践证明，推行有机农业生产方式是实现农业可持续发展的有效途径之一，有机农业方兴未艾，潜力巨大。目前，有机农产品基地已经探索出一条通过抓基地建设，积极推动农业绿色转型和高质量创新发展，实现保护生态环境和促进农业提质增效相统一的有效途径，在产业扶贫和乡村振兴中发挥了积极的引领示范作用。

风云开处网旗展，荒原马啸鱼腾欢——吉林省查干湖有机农产品（淡水鱼）基地

查干湖有机农产品（淡水鱼）基地位于科尔沁草原东部，吉林省西北部，总面积500平方公里的国家级自然保护区——查干湖。基地依托查干湖生态、资源、文化、交通优势，既立足当前，精准解决查干湖生态保护方面的问题，加快推进查干湖生态水土保持工程、污水处理和垃圾转运工程等生态保护项目，着力开展生态系统保护修复，提升生态服务功能；又放眼长远，统筹谋划查干湖未来发展，构建人与自然和谐共生、生态保护与企业发展相协调的新格局，打造"冰湖腾鱼"、野鸭湾湿地公园、契丹岛百花园、渔业科普园、玉龙湿地等一系列生态旅游项目，开展增殖放流，推动形成绿色生产方式和生活方式，把保护查干湖生态环境与生态旅游结合起来，走出一条相得益彰的发展之路。

吉林省查干湖有机农产品（淡水鱼）基地

坚持"以水养鱼""以渔净水"的生态渔业发展模式，持续多年实施水生生物增殖放流活动。增殖放流有效保护了渔业资源，保护查干湖水生生物多样性，维护

渔业水域生态环境，调整资源结构。基地内现有各种鱼类 68 种，包括胖头鱼、鲤鱼、鲫鱼、麻鲢、大白鱼、银鱼等，其中胖头鱼最为著名。查干湖胖头鱼继 2001 年获得中国绿色食品发展中心绿色食品 A 级产品认证后，2002 年又获得了绿色食品 AA 级产品认证。2003 年 4 月，查干湖渔场被中国绿色食品发展中心批准为国家（AA）级绿色食品生产基地。基地自 2003 年以来，已经连续 19 年获得中绿华夏有机产品认证中心"有机食品"认证；被农业农村部评定为"中国名牌农产品"。"查干湖"牌商标被认定为"中国驰名商标"；2017 年获全国最具影响力水产品企业品牌。查干湖在 2017 年被评为全国有机农业（淡水鱼）示范基地，2018 年获得"水产养殖示范场"。

基地多年来本着立足资源，发挥优势，努力实现渔业经济新突破的经营理念，实施品牌战略。为了最大限度地挖掘查干湖的巨大生态效益，实现绿水青山向金山银山的升级，围绕生态资源保护促进基地绿色发展的主线条，基地坚持生态文明，围绕生态渔业拓宽产业发展链条，大力发展"旅游＋生态渔业""旅游＋渔猎文化"模式，开发生态渔业观光、渔猎文化教育、生态渔业演绎等渔猎文化旅游产品。"风云开处网旗展，荒原马啸鱼腾欢"描写的就是查干湖传承多年冬捕时的壮观场面。基地以此为契机，深入挖掘历史，结合渔猎文化传统，成功举办了中国查干湖第十九届冰雪渔猎文化旅游节，使其成为人们冬季冰雪旅游最佳目的地，并且查干湖冬捕的"冰湖腾鱼"也被评为"吉林八景"之一。

三、跟踪检查

（一）产品抽检

2022 年，中绿华夏有机产品认证中心结合上年度跟踪检查情况，主要针对获证的大米、茶叶、水果、畜禽产品、境外及大项目高风险产品、上年度跟踪检查中发现问题的产品等进行抽检，全年共抽检产品 309 个，检测不合格产品 2 个，检测合格率 99.4％。在地方农业系统监督抽检备案方面，对四川、江西等 6 省份 417 个获证产品进行省级监督抽检计划的审核及备案。

（二）不通知检查

2022 年，中绿华夏有机产品认证中心针对上一年度存在认证风险的企业，有机产品认证项目评价表得分低于平均分的企业，日常监管中发现有机生产全过程技术要求较高、工艺复杂、种植面积大、品种多、市场影响力大的企业，以及上年度进行线上检查的企业进行跟踪检查。对广西、安徽、湖南、湖北、江西、江苏、山东、黑龙江、宁夏 9 个省份的 48 家获证企业进行了不通知检查，均未发现不合格情况。

四、市场宣传

（一）市场推介

2022 年，中绿华夏有机产品认证中心将市场对接活动基于网络实现，通过发布供求信息等方式，为企业和采购商之间牵线搭桥，先后为京东数字农业部、七品网、东方甄选等采购平台对接所需有机企业，促成合作。同时，在线下与央视传媒、礼博士等渠道商进行会谈，讨论在市场方面合作的方向，为企业拓宽销售渠道。截至 2022 年底，中绿华夏网站"企业风采"栏目上线企业 133 家；创新开通"有机好品"栏目，推送介绍有机产品和购买渠道，全年已有 8 家企业产品上线。

企业风采❶

天地同酿　人间共生——泸州老窖，让中国白酒的质量看得见

作为国有大型骨干酿酒企业，泸州老窖坚持有机酿造，提倡健康生活，致力于打造更高品质的有机白酒。四百余年的历史，十余年的有机发展历程，泸州老窖与民族同在、与时代同行，从一粒种子到一滴美酒，泸州老窖为千年酿酒业重塑质量标准，每一杯酒都承载着满满的"健康中国味"。

为确保糯红高粱的"有机"，泸州老窖有机高粱基地从种源、播种、苗期栽培、除草、病虫害防治、收割直到运输全过程，都有严格规范的监督和记录，确保糯红高粱生产过程不施用任何化学肥料和化学农药，成为纯粹的有机产品。

在 CCTV1 展示

2015 年 7 月 25 日，泸州老窖发布了白酒行业首份有机宣言《国窖 1573 有机宣言》，并携手国内有机食品龙头企业共同签署了《有机同盟之泸州共识》。共识中称，企业应践行有机生产，维护食品行业秩序，引导公众形成健康消费理念。

从一粒种到一滴酒，泸州老窖坚持施行"有机白酒生产质量可追溯体系"，如今，形成了一条完整的从"原料—酿造—残料—饲养—有机肥—种植—观光"的有机生态链。2004 年，泸州老窖高粱种植基地获得"无公害原粮基地"认证证书。2008 年，国窖 1573 获得中绿华夏有机产品认证中心有机认证。2009 年，泸州老窖有机高粱基地被国家标准化委员会认定为全国农业标准化示范区。2017 年，泸州老窖有机高粱基地进一步获批为国家标准化委员会第九批国家农业标准化示范区提升项目，且顺利完成验收。近年来，泸州老窖成功构建了"双品牌、三品系、五大单品"的品牌体系，国窖 1573 稳居中国三大超高端白酒品牌之一。

在砥砺前行与探索变革的路上，泸州老窖始终秉承着"天地同酿，人间共生"的企业价值理念，与社会同行，与环境相依，与人类共存。历史与荣耀赋予泸州老窖得天独厚的资源，传承与创新让泸州老窖正在被全中国乃至全世界所瞩目。

企业风采❷

从"中国牛"奋蹄"世界牛"——蒙牛企业的成功之道

作为中国领先的乳制品供应商，蒙牛用了 20 年时间，成为中国乳业崛起的代表性企业，连续 10 年位列全球乳业 20 强。无论是资本驱动的国际化拓展，还是稳扎稳打的内涵式增长，蒙牛以敏锐的前瞻性眼光，在打造国际化有机乳业全产业链的路上始终坚守：持续遵循自然规律，用天然方式孕育有机营养和健康生活，使中国高端乳制品走向国际舞台。

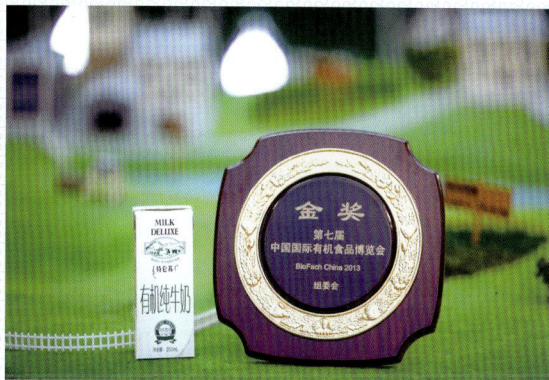

特仑苏有机纯牛奶获第七届中国国际
有机食品博览会金奖

特仑苏有机纯牛奶作为蒙牛乳业旗下的拳头产品，成为中国市场上第一个高端牛奶品牌，连续八年蝉联"中国国际有机食品博览会"金奖，持续领跑高端乳品行业发展新趋势。在品质为王的时代，特仑苏以专属的金牌力量，为每一位消费者带来了更好的有机营养。

20 年来，蒙牛凭借一点一滴的努力，缔造了一个中国乳业的传奇。如今企业已经不单满足于只是做一家好牛奶的生产商，新愿景是以消费者为中心，成为创新引领的营养健康食品公司。2019 年，蒙牛将"可持续发展"升级为集团战略，根据联合国 2030 可持续发展目标，正式发布涵盖经济、社会和环境的 10 项可持续发展承诺。以"守护人类和地球共同健康"为愿景，致力于实现"更营养的产品、更美好的生活、更可持续的地球"战略目标。

蒙牛抓住中国经济持续向好发展，消费提质升级的黄金时代，以敏锐的前瞻性眼光，抓住机遇，将圣牧高科的所有股权收入囊中，加码夯实高端有机化布局，成为中国最大的有机奶企业。

在蒙牛，"民以食为天，食以奶为先，奶以安为要"并不只是一句口号，而是企业坚定的至高信条。公司与牧场主、原料供应商、社区等伙伴亲密合作，专注于乳品从牧场、工厂到市场的每一个环节，全链条保证乳品质量安全，全力打造国际化有机乳业全产业链，努力争取做强品质，成为有机乳业的排头兵，从"中国牛"到"世界牛"，蒙牛的有机未来充满着机遇与挑战，更充满着值得期待的可能与成就。

（二）品牌宣传

2022年，中绿华夏有机产品认证中心迎来成立20周年的历史时刻，精心组织了"中绿华夏成立20周年系列活动"，以20周年为契机，结合推动有机农业发展、服务乡村振兴、宣传推广中绿华夏品牌。同时继续做好微信公众号运营，华夏有机农业公众号全年共推送文章64篇，总阅读量达34 050人次。

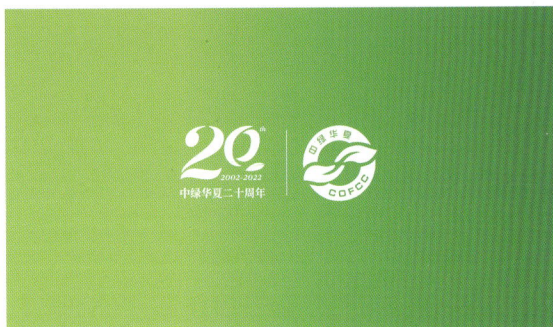

活动标志

五、队伍建设

（一）地区工作站

中绿华夏有机产品认证中心不断完善事业发展体系支撑，2022年批准建立甘肃、湖南2个有机工作站。截至2022年底，已建成工作站共计7家，对所在地区有机农业发展、研究及推广等方面都起到积极的带动作用。

（二）有机检查员

2022年，中绿华夏有机产品认证中心在线上线下组织各类型有机产品认证检查员培训共计4次，累计600余人次参加，取得良好成效，为不断提升有机检查员业务能力和服务水平注入强大动力。截至2022年底，中绿华夏有机产品认证中心共有国家注册检查员336人（304人专职）。其中，高级检查员75人，见证评价人员33人。

（三）企业内检员

为进一步加强企业内部力量，加强对企业的指导服务，中绿华夏有机产品认证中心更新了内检员培训教材，整理出版了《中绿华夏有机食品认证中心企业内部检查员工作指南》。举办有机产品企业内检员线上培训班1次，共有来自全国300余家企业的 400 多名内检员参加。2022 年，共注册有机产品内检员 512 人。截至 2022 年底，有效内检员总数为 2 249 人。

六、国际合作

（一）境外认证

2022 年，境外新申报企业 10 家，申报认证项目 13 个。截至 2022 年底，境外认证企业共 70 家，覆盖 26 个国家和地区，项目数总计 103 个，整体业务呈现稳步进展趋势。

芬兰维利奥有机牧场

（二）国际合作

在国际态势复杂多变的情况下，中绿华夏有机产品认证中心继续深化与境外

ACO、NASSA、STC、BIOAUDITA 等认证机构的合作交流。同时就 EU（欧盟）、COR（加拿大）和 JAS（日本）有机标准法规开展培训交流，提高审核员多标准认证能力，积极推动多标准业务发展。2022 年，中绿华夏有机产品认证中心多标准认证项目同比增长 9.4％，为提升中绿华夏品牌影响力，拓展境外认证业务奠定了良好基础。

第四篇

地理标志农产品

2022 | 绿色食品发展报告
| 第四篇 地理标志农产品

一、发展情况

（一）产品发展

2022 年，全国新发展地理标志农产品 56 个。截至 2022 年底，全国累计地理标志农产品 3 510 个。其中，脱贫地区 924 个，占总数的 26.3%，涉及 23 个省份 461 个县（市、区），占脱贫县总数的 55.4%；国家农产品质量安全县 359 个，国家乡村振兴重点帮扶县 213 个，民族地区 885 个。

（二）产品结构

截至 2022 年底，在全国地理标志农产品中，种植业类产品 2 696 个，占比 76.8%。其中，果品类产品 957 个，占产品总数的 27.3%；蔬菜类产品 592 个，占产品总数的 16.9%；粮食类产品 418 个，占产品总数的 11.9%；茶叶类产品 240 个，占产品总数的 6.8%；药材类产品 231 个，占产品总数的 6.6%。全国共有畜牧业产品 540 个，占比 15.4%；渔业产品 274 个，占比 7.8%。

（三）区域分布

在全国地理标志农产品中，北京、天津、河北、山东、江苏、上海、浙江、福建、广东、海南 10 个东部地区省份共 963 个，占比 27.4%；山西、安徽、江西、河南、湖北、湖南 6 个中部地区省份 888 个，占比 25.3%；内蒙古、广西、重庆、四川、贵州、云南、西藏、陕西、甘肃、青海、宁夏、新疆 12 个西部地区省份 1 366 个，占比 39.0%；辽宁、吉林、黑龙江 3 个东北地区省份 293 个，占比 8.3%。

（四）证后监测

2022 年，为落实农业农村部等七部门联合印发的《食用农产品"治违禁、控药残、促提升"三年行动方案》，结合地理标志农产品发展现状，中国绿色食品发展中心对蔬菜、水果、茶叶、畜禽和水产品共 180 个地理标志农产品实施安全性监测和品质特性监测。其中，对 120 个产品监测质量安全指标，检出不合格产品 2 个，合格率

98.3%；对 60 个产品品质指标开展了监测。

（五）品牌宣传

中国农民丰收节首次展示国家地理标志农产品，制作宣传展板并组织四川典型地理标志农产品参展。配合全国农业展览馆，推进国家地理标志农产品展示体验馆建设。

组织 133 个地理标志农产品参加品牌价值评价活动，其中科尔沁牛、舒兰大米、大连大樱桃、宜宾早茶、赤峰小米等 24 个产品进入区域品牌（地理标志）百强榜。

联合北京江桥国际传媒有限责任公司，拍摄制作了地理标志农产品纪录片《源味中国》（第二季），中央电视台国际频道 CCTV－4 和农业农村频道 CCTV－17 播出，宣展地理标志农产品 21 个，收视率位居同时段全国电视节目前三。

（六）保护工程

继续深入实施地理标志农产品保护工程，35 个省份和计划单列市农业农村部门会同财政部门落实中央资金 9.58 亿元，支持了 291 个地理标志农产品产业发展。完善质量控制技术规程，培训超 35 万人次，标准化、绿色化生产稳步推进。建设特色品种繁育基地 392 个，特色品种保存、选育繁育、提纯复壮得到提升；建设核心生产基地 756 个，生产设施条件和收获后处理能力不断提升。举办地理标志农产品为主题的文化节、采摘节、丰收节、旅游节等活动 340 场次，举办推介活动超过 690 场次，打造乡愁乡味特色产业。

（七）国际合作

2022 年是《中欧地理标志保护与合作协定》生效的第二年。中欧双方召开了中欧地理标志线上会议，落实协定内容。在第一批双方各 100 个产品生效基础上，启动了第二批各 175 个产品互认互保工作程序。

地方典型 ❶

念好"四字诀"擦亮黄岩蜜橘金字招牌

台州市黄岩区地处浙江沿海，生态宜居、物产丰厚，是闻名遐迩的"中国蜜橘之乡"。

浙江省地理标志农产品——黄岩蜜橘

据考证，早在三国时期，黄岩就开始种植柑橘。2019年以来，黄岩区坚持以"统"为先、以"特"为重、以"技"为本、以"严"为标，积极开展黄岩蜜橘地理标志农产品保护工程建设，基本实现了壮大特色产业、强化特色品质、传承农耕文化、助力脱贫增收、创新发展模式的目标要求，擦亮了"黄岩蜜橘"金字招牌。

1. 以"统"为先，全面整合力量　以黄岩柑橘产业振兴发展领导小组为依托，制订出台了《黄岩蜜橘地理标志农产品保护工程建设实施方案》，由黄岩区农业农村局牵头，相关部门协同，生产经营主体和农户参与。利用广播、报刊、新媒体等传播载体进行广泛宣传发动，营造良好的社会氛围。

2. 以"特"为重，提升产业水平　建立了黄岩蜜橘万亩核心示范基地，推广优良品种、绿色生产技术、减肥减药技术以及加工、保鲜、储运等新技术、新设施、新装备，开展基础设施、果园机械、柑橘品质检测等相关建设，实行全产业链过程管控。黄岩蜜橘筑墩栽培系统入选中国重要农业文化遗产，中国农业科学院柑橘研究所研究表明"黄岩蜜橘是世界蜜橘之源"。举办黄岩柑橘旅游节、橘花节等节庆文化活动，延续千年来橘农们"祭橘神""放橘灯""种橘福"的传统习俗。

3. 以"技"为本，创新发展模式　与华中农业大学、浙江省柑橘研究所成立了柑橘科技同创中心，引进了水肥一体、智能选果等新技术，制定了《黄岩蜜橘绿色生产技术规程》等。围绕良种品质提升、杂柑浅加温技术、数字化技术模型等五大项目开展技术研究。基于3S、物联网和大数据等现代信息技术，建设黄岩智慧果园信息服务平台，构建黄岩蜜橘产区大数据"一张图"信息服务与共享。

4. 以"严"为标，筑牢三道防线　建立农业投入品使用管理制度，从源头上引导生产主体使用绿色、生态投入品，在全区40家农资店设立绿色精品农药专柜，实施农药实名制购买，杜绝非绿色农资进入黄岩蜜橘基地。生产过程必须符合绿色食品生产要求。优选台州市黄岩蔡家洋本地早专业合作社和台州市黄岩永不忘果蔬专业合作社，在国家追溯平台上实现农产品质量安全原产地可追溯。

主要成效如下：

一是产业不断提升。黄岩区紧紧围绕"中华橘源"这一发展坐标，打造黄岩贡橘园、中华橘源小镇等园区，推进农旅融合发展，以农业智慧化发展、绿色发展为抓手，促进数字经济在蜜橘产业发展的应用和转化，打造统一的数字化平台，提升数字化能力，做大做强黄岩蜜橘产业。

二是培育技术改进。为把黄岩本地早平均糖度提高到12.5°以上、优质果达到60%以上，加强和科研院所合作，重点攻关五大技术研究，取得较好进展。

三是全产业链发展。引进先进柑橘综合利用深加工全产业链技术，从罐头、浓缩汁、果糖等方面进行产品研发与加工，让"老产业"焕发新生机。目前，浙江台州一罐食品有限公司等企业正在开发"柑橘干瓣"等柑橘伴手礼。

四是强村富民突出。培育了100多家黄岩蜜橘产业带头人，通过实施地理标志农产品保护工程和省级精品绿色农产品基地项目，黄岩蜜橘比项目实施前产值增加了约7 000万元，有效带动了农民增收，人均年收入从2.83万元增加到3.62万元。

地方典型❷

大力培树地理标志公用品牌，推进夏县西瓜产业高质量发展

夏县位于山西省南部，因夏朝在此建都而得名。自2019年夏县西瓜实施地理标志农产品保护工程以来，以品种独特性、品质稳定性、品控统一性、品宣渗透性和品牌文化性的"五品模式"为路径，小西瓜变成富民大产业，探索了一条地理标志引领地方乡村特色产业高质量发展的模式。

1. 品种是基础，做到最优化选择，体现独特性　夏县西瓜在保持"8424"这一主栽品种品质优势的基础上，依托项目开展西瓜育种，培育60个农业科技示范标杆户，组织实施"夏县西瓜绿色优质高效集成技术推广转化"和"无土栽培、嫁接种植"示范推广，开展"8424"的抗重茬试验、水肥一体化示范、良种良法配套等试验研究，不断提升主栽品种的竞争力。

2. 品质是核心，做到标准化生产，体现一致性　每年举办质量管控及生产技术培训班，印制《夏县西瓜生产技术手册》，严格按照《夏县西瓜农产品地理标志质量控制技术规范》《绿色食品　农药使用准则》组织种植生产。严格管控投入品，推广生物有机肥、菌肥、育苗基质和生物农药，购置耕地机械，保持了特色品质，推动地标产品绿色优质丰产。

3. 品控是关键，做到商品化供应，体现稳定性　落实采摘、分级、装箱3级质保措施，设立质检员、验瓜员、包装员3道质检环节，配置测糖仪，建立西瓜生产档案，瓜瓜都有标识码，颗颗都有成长卡，个个质量可追溯。建设"夏县西瓜地理标志农产品大数据平台"，印制溯源码商标、标识包装箱，建立了"生产有记录、流向可追踪、信息可查询、安全可追溯、风险可预警、责任可追究"的地标产品溯源体系。

4. 品宣是推手，做到内涵化赋能，体现文化性　建设夏县西瓜品牌文化博览馆，编印《夏县西瓜品牌文化故事》单行本，制定"夏县西瓜"区域公用品牌LOGO，制作地理标志农产品专题宣传片和歌曲《夏县西瓜甜》MV。在长沙、贵阳等地安装LED大型广告牌，同时，通过中国国际农产品交易会、亚洲果蔬博览会等的展示推介，不断提升夏县西瓜影响力和传播力。

5. 品牌是引领，做到差异化塑造，体现战略性　近年来，夏县西瓜开展了"一品（区域公用品牌）一标（产品注册商标）"行动，以区域品牌＋企业品牌为组合，实现品牌的双轮驱动，将"夏县西瓜"地理标志品牌和企业品牌相结合，构建了"技术品牌双轮驱动、生产基地全国布局、市场产品周年供应"发展新模式。

主要成效如下：

一是品牌价值不断提升，历史名产变成金字招牌。"夏县西瓜"外观新鲜亮丽、口感酥沙脆爽、品质持久稳定，享誉全国、深受消费者青睐。被亚洲果蔬博览会评为"2020 年度最受欢迎的果品区域公用品牌 100 强"，被第十八届中国国际农产品交易会评选为"最受欢迎农产品"；经中国品牌建设促进会评估，"夏县西瓜"品牌价值为 10.68 亿元。

二是特色产业日益壮大，小西瓜变成富民大产业。随着品牌影响力的增加，核心产区种植面积由 2018 年的 0.8 万亩增长到 2023 年的 3 万亩；产值由 2018 年的 1.1 亿元增长到 2022 年的 5.4 亿元。近两年，夏县西瓜的批发价格一直高于同类其他西瓜，成为全国高品质西瓜的价格标杆。夏县西瓜这一特色产业真正成为引领农民创新创业致富、巩固拓展脱贫攻坚成果、加快实施乡村振兴战略的特色产业、优势产业和支柱产业。

三是生态环境有效改善，绿水青山变成金山银山。扎实开展"两增一减"绿色生产活动，平均减少化肥使用量 30%、农药使用量 30%，改善了周边生产环境，改良了土壤性状，增强了保水保肥能力，逐步恢复土壤地力，维护了产地生态环境质量，实现了绿色安全生产。

2019—2022 年地理标志农产品保护工程取得的主要成

加强地理标志农产品保护与发展，对增加绿色优质农产品供给、发展乡村特色产业、传承农耕文化、促进农民就业增收、助力乡村振兴和巩固脱贫成果具有重要意义。从 2019 年起，农业农村部、财政部等部门利用中央财政转移支付农业生产发展基金实施地理标志农产品保护工程，4 年来支持了 883 个地理标志农产品发展，取得积极成效。

(一) 主要做法

一是加强顶层设计。提出了"五保护、五提升"的建设思路，设立了首期用 5 年时间培育发展 1 000 个地理标志农产品的总体目标，并明确了建设内容和实施指引，每年以农业农村部办公厅文件印发部署保护工程，明确任务指标、遴选条件及实施方式。

二是加强部地协同。建立省级统筹、县级实施、部级考评实施机制。省级农业农村部门制订本省实施方案，经市县申报、省级评定确定实施对象，开展现场检查，县级强化过程管理和结果评估，部级组织对承担建设任务的省级农业农村部门开展绩效考评，对考评结果进行通报并作为下年度资金测算依据。

三是强化督促落实。抓标准，每一个产品要求培优一个区域特色品种、建设一个以上核心生产基地、建立一套特征品质指标、集成应用一套全产业链标准、叫响一个区域特色品牌、健全一套质量管控机制。抓调度，将地理标志保护工程纳入农业农村部重点事项推动实施，定期调度资金执行和项目推进情况。抓培训，每年举办保护工程培训班或推进会，强化任务部署和技术培训。抓示范，组织开展地理标志农产品保护与发展典型案例征集，遴选和推介典型案例。

(二) 实践效果

一是优品种、建基地，引领乡村特色产业发展。坚持种质保护与品种培优并举，收录特色农产品资源 6 839 个，建设特色品种繁育基地 1 284 个，一些稀有种质资源、地方区域特色品种得到保护提升。建设核心生产基地 2 428 个，覆盖种植面积约 1 亿亩、养殖动物约 3 000 万头（只），提升了特色产品供给能力。

二是优标准、提品质，推进现代农业全产业链标准化。完善产品质量控制技术规范 883 个，培训超过 80 万人次。健全特色品质指标体系，推动出台质量分级行业标准 60 余项。推广"地理标志农产品＋承诺达标合格证＋追溯"等智慧监管模式，加强种养过程管控、农兽药残留自检、产品带证上市和产品质量追溯。

三是传文化、塑品牌，擦亮品牌助农"金字招牌"。积极挖掘地理标志农产品所承载的传统文化和民间技艺，以文化涵养品牌，以品牌宣传文化。推出地理标志农产品纪录片《源味中国》，推动各地共举办主题文化节庆活动1 300余场次。持续举办农交会地标专展、地标农品中国行等活动，建设国家地理标志农产品展示体验馆。各地举办地理标志农产品推介活动3 100余场次，依托传统媒体和新媒体，加大品牌宣传推广。

四是促增收、助脱贫，拓宽农民增收致富新渠道。据统计，保护工程支持产品年产值超过5 000亿元，平均超过6亿元。推进"一县一业""一品一业"，构建基地与农户利益联结机制，累计带动1 400万户农户增收约490亿元。以盐池滩羊为例，通过连续实施保护工程，全产业链产值达64.5亿元，全县农民人均收入的一半来自滩羊产业。

贵州省地理标志农产品——梵净山茶叶